Anja Marx

Außenhandel mit Italien

Ein Exportratgeber für deutsche Unternehmen

AUSSENHANDELSPOLITIK UND -PRAXIS

Herausgegeben von Prof. Dr. Jörn Altmann

Anja Marx

AUSSENHANDEL MIT ITALIEN

Ein Exportratgeber für deutsche Unternehmen

ibidem-Verlag
Stuttgart

Die Deutsche Bibliothek - CIP-Einheitsaufnahme:

Ein Titeldatensatz für diese Publikation ist bei
Der Deutschen Bibliothek erhältlich

∞

Gedruckt auf alterungsbeständigem, säurefreien Papier
Printed on acid-free paper

ISBN: 3-89821-072-3

© *ibidem*-Verlag
Stuttgart 2001

Inhaltsverzeichnis

Abkürzungsverzeichnis

Abs.	Absatz
ACI	Automobile Club d`Italia
	(dt. italienischer Automobilclub)
AEC	Accordi Economici Collettivi
	(dt. Kollektivverträge)
AG	Aktiengesellschaft
AGB	Allgemeine Geschäftsbedingungen
Art.	Artikel
AUMA	Ausstellungs- und Messe-Ausschuß der Deutschen Wirtschaft
AWV	Außenwirtschaftsverordnung
BfAI	Bundesstelle für Außenhandelsinformationen
BGB	Bürgerliches Gesetzbuch
BIP	Bruttoinlandsprodukt
BUSARL	Bollettino ufficiale delle società per azioni ed a responsibilità limitata
	(dt. Amtsblatt für Aktiengesellschaften und Gesellschaften mit beschränkter Haftung)
C.c.	Codice civile
	(dt. Zivilrecht)
CMA	Centrale Marketing-Gesellschaft der Deutschen Agrarwirtschaft mbH
C.p.c.	Codice di procedura civile
	(dt. Zivilprozeßordnung)
DIGT	Deutsch-Italienischer Eisenbahngütertarif
DIHK	Deutsch-Italienische Handelskammer
DIN	Deutsche Industrienorm

EFTA	European Free Trade Association
	(dt. Europäische Freihandelszone)
EG	Europäische Gemeinschaft
E.N.A.S.A.R.C.O.	Ente Nazionale di Assistenza per gli Agenti e Rappresentanti
	di Commercio
	(dt. Öffentliche Körperschaft der Versorgung von Han-
	delsvertretern und Repräsentanten)
ENEL	Ente Nazionale per l'Energia Elettrica
	(dt. Öffentliche Körperschaft für elektrische Energie)
ENI	Ente Nazionale Idrocarburi
	(dt. Öffentliche Körperschaft für Kohlenwasserstoffe)
EU	Europäische Union
EuGVÜ	Europäisches Gerichtsstands- und Vollstreckungsübereinkom-
	men
EWG	Europäische Wirtschaftsgemeinschaft
EWI	Europäisches Wirtschaftsinstitut
EWS	Europäisches Währungssystem
EWU	Europäische Währungsunion
EWWU	Europäische Wirtschafts- und Währungsunion
EV	Eigentumsvorbehalt
EVÜ	Europäisches Schuldvertragsübereinkommen
F.A.Z.	Frankfurter Allgemeine Zeitung
GATT	General Agreement on Tarifs and Trade
	(dt. Allgemeines Zoll- und Handelsabkommen)
gem.	gemäß
GmbH	Gesellschaft mit beschränkter Haftung
HGB	Handelsgesetzbuch
Hrsg.	Herausgeber

I.C.E.	Istituto Nazionale Commercio Estero
	(dt. Italienisches Institut für Außenhandel)
INTRASTAT	Intrahandelsstatistik
IRI	Istituto per la Ricostruzione Industriale
	(dt. Institut für industriellen Wiederaufbau)
ISTAT	Istituto Centrale di Statistica
	(dt. Statistisches Zentralamt)
IVA	Imposta sul Valore Aggiunto
	(dt. Mehrwertsteuer)
i.V.m.	in Verbindung mit
IWD	Internationale Wirtschaftsdienste
Lit.	Lira italiana
	(Italienische Währung)
NATO	North Atlantic Treaty Organization
	(dt. Nordatlantische Vertragsorganisation)
OECD	Organization for Economic Cooperation and Development
	(dt. Organisation für wirtschaftliche Zusammenarbeit und
	Entwicklung)
PDS	Partito Democratico della Sinistra
	(dt. Linksdemokratische Partei)
PHG	Produkthaftgesetz
RC	Rifondazione Comunista
	(dt. Partei der Kommunistischen Neugründung)
SME	Sistema Monetario Europeo
	(dt. Europäisches Währungssystem)
SpA	Società per Azioni
	(dt. Aktiengesellschaft)
SRL	Società a Responsabilità Limitata
	(dt. Gesellschaft mit beschränkter Haftung)

UIC	Ufficio Italiano Cambio
	(dt. Italienisches Devisenamt)
UNCITRAL	United Nations Commission on International Trade Law
	(dt. UN-Übereinkommen über internationales Handelsrecht)
UNO	United Nations Organization
	(dt. Organisation der Vereinten Nationen)
UStG	Umsatzsteuergesetz
USt.-Id.-Nr.	Umsatzsteueridentifikationsnummer
VO	Verordnung
WTO	World Trade Organization
	(dt. Welthandelsorganisation)

Abbildungsverzeichnis

Einleitung

Gegenstand der Untersuchung

„Sich in einen Nachbarmarkt zu begeben, ist auch heute noch - selbst im europäischen Binnenmarkt - ein Weg mit vielen Unbekannten."[1]

Menschen und Kulturen anderer Länder sind durch ihre unterschiedliche Geschichte geprägt. Die Begegnung mit ihnen erfordert eine Auseinandersetzung mit unterschiedlichen Mentalitäten, Wirtschaftsstrukturen und Organisationsformen, die uns oftmals fremd sind.

Dies gilt auch für ein Land wie Italien, das trotz seiner „[...] Europaorientierung [...] viele Entwicklungen der letzten Jahrzehnte in Europa nicht oder nur in Teilen mitgemacht [hat] und [...] sich - trotz aller Veränderungen, immer gleich geblieben [ist]."[2]. In Italien verliefen viele Dinge nicht so, wie man es im allgemeinen von einer europäischen Demokratie erwarten würde, so daß nach außen ein Eindruck von Instabilität und Chaos entstand. Nach innen jedoch fällt auf, daß der italienische Staat auf seine Weise sehr wohl funktioniert. Es bestehen lediglich andere Mechanismen und Strukturen in Wirtschaft und Gesellschaft.
Italien ist zu reich an Kontrasten, Widersprüchen, Gegensätzlichkeiten und Unterschieden, als daß man es als eine homogene Einheit betrachten könnte. Durch seine Geschichte und die späte Vereinigung der einzelnen Regionen zu einem gemeinsamen Staat, sind die verschiedensten Gewohnheiten, Bräuche, Traditionen, Sprachen und Geschmäcker erhalten geblieben, die nun bei der Begegnung mit dem italienischen Volk beachtet werden müssen.

Durch die Jahrhunderte alten Verflechtungen der deutsch-italienischen Beziehungen haben sich bereits früh Handelsbeziehungen zwischen diesen beiden Ländern entwickelt, die durch die voranschreitende Einigung Europas noch weiter gefestigt werden, und Italien und Deutschland bereits zu wichtigen Handelspartnern gemacht haben.

---

[1] de Zotti, Präsident der italienischen HK Frankfurt.
[2] Vgl. CMA Italien, S. III,2.

Die auf beiden Seiten teilweise noch bestehenden Mißverständnisse und Vorurteile heben sich zwar im Zuge der langsamen Annäherung immer weiter auf; trotzdem existieren immer noch zahlreiche Unterschiede in der allgemeinen Wirtschaftsmentalität, im Verbraucherverhalten, im Führungsstil der Unternehmer, im Verhältnis zu staatlichen Institutionen sowie auf rechtlichen Gebieten.[3]

Diese Arbeit soll daher allen, die in und mit Italien Handelsbeziehungen unterhalten oder aufbauen wollen, einen Einblick in die Besonderheiten des italienischen Marktes und der wichtigsten Rechtsvorschriften geben.

Methodischer Aufbau

Zunächst wird die Entwicklung der italienischen Wirtschaft sowie die aktuelle Wirtschaftslage in Italien aufgezeigt. Im Folgenden wird dann auf die Handelsbeziehungen zwischen Deutschland und Italien eingegangen. Kapitel 2 gibt sodann eine Charakterisierung des italienischen Marktes mit seinen Besonderheiten und zeigt auf, wie man sich als deutscher Unternehmer im Umgang mit seinem italienischen Geschäftspartner verhalten sollte, und welche mentalitäts- und marktbedingten Besonderheiten zu beachten sind. Kapitel 3 faßt die ersten beiden Kapitel kurz zusammen, worauf in Kapitel 4 auf die wichtigsten Rechtsgrundlagen eingegangen wird. Es werden insbesondere die Unterschiede zwischen den deutschen und italienischen Rechtsbestimmungen aufgezeigt, die für handeltreibende Unternehmen von Bedeutung sind. Nach einer kurzen Ausführung in Kapitel 5 zum Niederlassungsrecht in Italien, beschäftigt sich Kapitel 6 mit den wenigen innerhalb des europäischen Binnenmarktes noch bestehenden Ein- und Ausfuhrbestimmungen. Nachdem im folgenden Kapitel nochmals eine kurze Zusammenfassung der wesentlichen Punkte der Kapitel 4-6 gegeben wird, wird anschließend in Kapitel 8 ein Ausblick auf zukunftsorientierte Märkte und Produkte, u.a. im Zuge der europäischen Währungsunion, gegeben. Abgeschlossen wird diese Arbeit durch die Auflistung einiger hilfreicher Kontaktadressen, an die sich Unternehmer wenden können, die Handelsbeziehungen mit Italien anstreben.

Aufgrund des begrenzten Umfangs dieser Arbeit mußte auf die Darstellung einiger sicherlich interessanter Aspekte verzichtet werden. So konnte zum Beispiel nicht mehr

---

[3] Vgl. von Boehmer, Henning (Hrsg.) (1993), S. V.

auf den gewerblichen Rechtsschutz oder das Wettbewerbsrecht eingegangen werden. Zudem wurde auf eine Darstellung des italienischen Steuerrechts aufgrund seiner Komplexität und Undurchschaubarkeit verzichtet. Eine Auseinandersetzung mit den entsprechenden Gesetzen würde allein bereits eine Abhandlung des Umfangs dieser Arbeit erforderlich machen. Zudem ist es jedem Unternehmer, der sich mit dem italienischen Steuerrecht zu befassen hat, zu empfehlen, den Rat eines versierten Steuerberaters in Anspruch zu nehmen.

Auf Informationsmöglichkeiten und Kontaktadressen wird, wie bereits erwähnt, in Kapitel 9 hingewiesen.

1. Wirtschaftsraum Italien

1.1. Wirtschaftliche und politische Lage Italiens

1.1.1. Staat und Bevölkerung

Die Repubblica Italia, deren Hauptstadt Rom ca. 2,8 Mio.[4] Einwohner hat, erstreckt sich über eine Fläche von ca. 301.278 qkm[5]. Das Land ist eingeteilt in 20 relativ eigenständige Regionen, von denen fünf unter einer erweiterten Selbstverwaltung stehen (Sizilien, Sardinien, Aostatal, Trentino-Südtirol, Friaul Julisch-Venetien). Eine Region besteht wiederum aus zwei bis neun Provinzen, so daß insgesamt 94 Provinzen existieren.[6] Da Italien als ein noch relativ junges Land erst im Jahr 1861 vereinigt wurde, haben die einzelnen Regionen ihre eigene durch die unterschiedliche Geschichte, Kultur, Wirtschaft und Politik geprägte Identität sowie ihren eigenen Dialekt bis zur heutigen Zeit bewahrt.[7] Diese oft sehr großen Unterschiede machen sich insbesondere in dem ausgeprägten Nord-Süd-Gefälle bemerkbar. Das wichtigste industrielle Ballungsgebiet wird im Norden von dem Städtedreieck Turin-Genua-Brescia gebildet, wobei Mailand den Mittelpunkt bildet. Die Lücke zwischen dem industrialisierten kommerziell ausgerichteten Norden und dem weniger entwickelten hauptsächlich landwirtschaftlich ausgerichteten *Mezzogiorno*, wie der Süden Italiens vielfach genannt wird, ist der Grund für viele wirtschaftliche und soziale Probleme.[8]

Auch die klimatischen Bedingungen unterliegen starken regionalen Schwankungen, die von alpin bis subtropisch reichen. Vorherrschend ist jedoch ein mediterranes Klima mit milden Temperaturen.[9]

Italiens Staatsgebiet umfaßt zusätzlich noch zwei weitere unabhängige Staaten: den Vatikanstaat und die Republik San Marino.

Die Einwohnerzahl Italiens lag 1997 bei ca. 58 Mio. Einwohnern mit einem Ausländeranteil von 0,7%.[10] Die verbleibende Bevölkerung besteht zu 94% aus Italienern; zu den Minderheiten mit eigener Sprache gehören Sarden mit 2,7%, Rätoromanen mit

---

[4] Vgl. BfAI (Hrsg.) (1996), Wirtschaftsdaten aktuell, S. 1.
[5] Vgl. ebenda.
[6] Vgl. CMA (Hrsg.) (1995), Lebensmittelhandel, S. 4.
[7] Vgl. BfAI (Hrsg.) (1996) CD-ROM zur Außenwirtschaft, Geschäftspartner Italien, S. 1.
[8] Vgl. o.V. (1994), *Doing Business in Italy*, Kapitel 1.
[9] Vgl. Enzyklopädie (1997).
[10] Vgl. Deutscher Sparkassenverlag (Hrsg.) (1999), Merkblatt 5A Italien, S. 1.

1,3% und 1,9% andere (Ladiner, Südtiroler, Franco-Provenzalen, Slowenen).[11] Die allgemeine Bevölkerungsdichte beträgt 190 Einwohner pro Quadratkilometer, wobei hier noch regionale Unterschiede zu berücksichtigen sind: In Norditalien beträgt die Dichte 211 (das entspricht 44,6% der Bevölkerung), in Mittelitalien 187 (19,2% der Bevölkerung) und im Süden 167 (36,2% der Bevölkerung).[12] Insgesamt 71% der Gesamtbevölkerung leben in Städten.[13]

Die Alphabetisierungsrate der italienischen Bevölkerung liegt bei 97%[14], aber 57% der über 15jährigen haben bereits vor ihrem 15. Lebensjahr die Schule verlassen.[15]

Mit 83,2% sind die Katholiken in Italien vorherrschend; 13,6% der Einwohner gehören keiner Religion an, 2,6% sind Atheisten und 0,6% glauben an andere Religionen.[16]

Staatssprache ist Italienisch, wobei als zweite Amtssprache in Südtirol Deutsch und im Aostatal Französisch anerkannt sind.[17] Korrespondenzsprachen sind neben Italienisch zusätzlich Englisch, Französisch und Deutsch.

Maße und Gewichte entsprechen dem unsrigen metrischen System; die Währung ist die italienische Lira (abgekürzt Lit.), wobei eine Lira 100 Centesimi entspricht.

Italien ist eine parlamentarisch-demokratische Republik, deren Verfassung aus dem Jahr 1947 stammt. Die gesetzgebende Gewalt ist ein Zweikammernparlament, deren Legislaturperioden jeweils fünf Jahre betragen. Die 630 Mitglieder der *Camera di Deputati* (Abgeordnetenkammer) und die 315 gewählten Mitglieder des *Senato* (Senat) werden nach dem neuen Wahlrecht von August 1993 zu 75% nach Mehrheits- und zu 25% nach Verhältniswahlrecht gewählt. Zusätzlich sind zehn Senatoren auf Lebenszeit bestimmt.

Die Exekutive ist der Ministerrat, der aus dem Ministerpräsidenten und seinen Ministern besteht. Die Regierung ist gegenüber dem Parlament verantwortlich und kann durch Mißtrauensvotum abgelöst werden. Die Mitglieder der Regierung werden vom Staatspräsidenten ernannt, der eine Sonderstellung im italienischen Verfassungsgefüge

---

[11] Vgl. o.V. (1994), *Doing Business in Italy*, Kapitel 1.
[12] Vgl. ebenda.
[13] Vgl. CMA (Hrsg.) (1995), Lebensmittelhandel, S. 4.
[14] Vgl. *Central Intelligence Agency* (Hrsg.) (1994).
[15] Vgl. Die Deutsche Bibliothek (Hrsg.) (1995).
[16] Vgl. BfAI (Hrsg.) (1996), Geschäftspartner, S. 15.
[17] Vgl. Enzyklopädie (1997).

bekleidet.[18] Derzeitiger Ministerpräsident und gleichzeitig Chef der Exekutive ist der bisherige Finanzminister Giuliano Amato, der bereits 1992/1993 als Mitglied der Italienischen Sozialistischen Partei Ministerpräsident gewesen ist.[19]

Italien gehört zu den sieben größten Industrienationen der Welt. Da es jedoch auch zu den rohstoffarmen Industriestaaten gezählt werden muß, ist es hauptsächlich auf eine leistungsfähige Exportwirtschaft angewiesen.[20] Die Entstehung des BIP stellt sich somit wie folgt dar:

Abb. 1

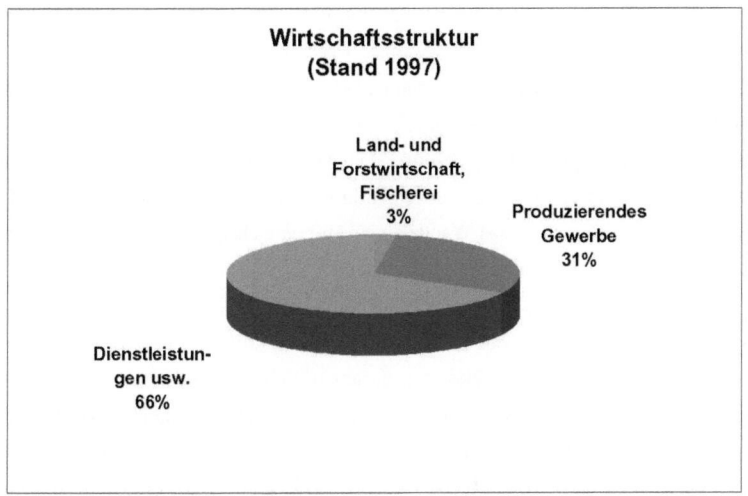

Quelle: Eigene Darstellung in Anlehnung an: Statistisches Bundesamt Deutschland (Hrsg.) (2000), Auslandsstatistische Daten Süd-Europa.

Zu den wenigen Rohstoffen gehören im agrarischen Bereich: Getreide, Südfrüchte, Oliven, Wein, sowie im mineralischen Bereich: Lignit, Erdöl, Erdgas, Eisenerz, Bauxit und Schwefel.[21]

---

[18] Vgl. BfAI (Hrsg.) (1996), Geschäftspartner, S. 16 f.
[19] Vgl. Deutscher Sparkassenverlag (Hrsg.) (2001), Merkblatt 1B Italien, S. 1.
[20] Vgl. BfAI (Hrsg.) (1996), CD-ROM zur Außenwirtschaft, Geschäftspartner Italien, S. 1.
[21] Vgl. CMA (Hrsg.) (1994), Auslandsmarktdaten, S. 6.

Die Repubblica Italia ist Mitglied in den wichtigsten internationalen Organisationen wie der EU, dem Europarat, dem GATT/WTO, dem OECD, der NATO und der UNO.[22]

1.1.2. Wirtschaftliche Entwicklung

Das im Jahr 1861 durch das Herrscherhaus Savoyen gegründete Königreich Italien wurde erst 1870 wirklich vereinigt, um das bis dahin noch zersplitterte Land endgültig zu einen. Im Juni 1946 wurde Italiens Monarchie per Referendum abgeschafft und durch eine parlamentarische Demokratie ersetzt.[23]

Die Industrialisierung des Landes begann früh nach dem Ende des zweiten Weltkrieges. Bis dahin waren gut 50% der gesamten Erwerbstätigen in der Landwirtschaft tätig. Inzwischen ist dieser Prozentsatz auf rund 8% gesunken, wobei starke regionale Unterschiede zu berücksichtigen sind.[24] Durch den beginnenden starken Anstieg der italienischen Warenproduktion, besonders in den Bereichen der Textil-, Stahl- und chemischen Industrie, wandelte sich Italien in eine moderne und industrialisierte Gesellschaft.[25] Seit Beginn dieses Wandels war im politischen Leben Italiens die christdemokratische Partei für lange Zeit bestimmend.

Ein besonders einschneidendes Ereignis in der wirtschaftlichen Entwicklung war der Entschluß zur Realisierung eines gemeinsamen EG-Binnenmarktes, welcher 1957 durch den Vertrag von Rom festgelegt wurde. Die Hauptentwicklung fand daraufhin im Verlauf der 60er Jahre statt. In der Zeit des *miracolo economico* (Wirtschaftswunder), stützte sich die wirtschaftliche Entwicklung besonders auf die Klein- und Mittelunternehmen und deren Leistungen im Export.

Nach Problemen der Inflation und des Zahlungsbilanzgleichgewichts zwischen 1965 und 1975 erlitt Italien Mitte der 70er Jahre eine Rezession, die durch die Ölkrise ausgelöst wurde. Charakterisiert wurde diese Rezession durch hohe Arbeitslosigkeit, wachsende Staatsverschuldung, Liraabwertung und Inflation. Die Inflation war der sogenannten *scala mobile* zuzuschreiben, deren Lohn-Index-Mechanismus bewirkte, daß

---

[22] Vgl. o.V. (1996), Italien, S. 1.
[23] Vgl. BfAI (Hrsg.) (1996), Geschäftspartner, S. 16.
[24] Vgl. CMA (Hrsg.) (1994), Auslandsmarktdaten, S. 6.

die Löhne schneller wuchsen als die Lebenshaltungskosten, da eine automatische Angleichung der Löhne an den statistischen Lebenshaltungskosten-Index (auf Basis der durchschnittlichen familiären Konsumausgaben) stattfand.[26]

Im Laufe der 80er Jahre erfolgte eine industrielle Umstrukturierung. Bestimmt wurde diese durch wachsende technologische Investitionen in Italien. Die Industrie wurde führend in der Entwicklung von Elektronik, Computern und chemischen Gütern. Niedrige Energiekosten und größere Investitionen verhalfen zusätzlich zu einer wirtschaftlichen Expansion. Es erfolgte ein übermäßiges Wirtschaftswachstum.[27]

Trotz allem wurde auch Italien nicht von der Rezession Anfang der 90er Jahre verschont, die das Wirtschaftswachstum in ganz Europa, Japan und den USA negativ beeinflußte.

Die politische Situation des Landes wurde bis zu den 90er Jahren durch häufige Regierungswechsel gekennzeichnet. Grund dafür war die „[...] starke Zersplitterung der Parteienlandschaft [...]"[28]. Nach außen wurden diese häufigen Wechsel als ein Zeichen der Instabilität gedeutet, nach innen jedoch herrschte eine mächtige zutiefst korrumpierte „[...] Gesellschaftsschicht, der es relativ egal war, wer die Regierungsgeschäfte führte, solange es nicht die Kommunisten waren."[29]. Als Anfang der 90er Jahre das alte System zusammenbrach, existierte eine neue, politisch qualitative Schicht nur ansatzweise, so daß kein spektakulärer Neuanfang zu bemerken war.

Italiens wirtschaftliche Stabilität war 1992 ernsthaft gefährdet, als eine Krise der europäischen Währungsunion zur Herabsetzung der Lira um 20%[30] führte. Dies hatte im September 1992 nach fehlgeschlagenen massiven Interventionen der italienischen Zentralbank den Austritt Italiens aus dem *Sme* (*Sistema Monetario Europeo*, dt.: Europäisches Währungssystem) zur Folge.[31]

---

[25] Vgl. Enzyklopädie (1997).
[26] Vgl. o.V. (1994), *Doing Business in Italy*, Kapitel 1.
[27] Vgl. BfAI (Hrsg.) (1994), Verkaufen, S. 5 f..
[28] BfAI (Hrsg.) (1996), Geschäftspartner, S. 17.
[29] CMA (Hrsg.) (1995), Lebensmittelhandel, S. III,2.
[30] Vgl. IWD (Hrsg.) (1995), Nr. 7, S. 5.
[31] Vgl. Nardi, Enrico (1997), S. 19 f..

Im Zuge der Bemühungen seitens der Regierung, diese wirtschaftliche Instabilität und die hohen Staatsschulden unter Kontrolle zu bekommen, wurde nach langen Verhandlungen mit Arbeitern und Industrie auch die *scala mobile* abgeschafft und Mitte 1993 durch ein neues System ersetzt, welches den Arbeitgebern erlaubt, Verträge alle vier Jahre zu überprüfen und Lohnzuwächse alle zwei Jahre zu vereinbaren, wobei diese jedoch die Inflationsrate nicht überschreiten dürfen.[32] Die Abschaffung dieser automatischen Lohnanpassung hat die Lohn-Preis-Lohn-Spirale außer Kraft gesetzt und die Löhne kontrollierbar und vorhersagbar gemacht.

Gleichzeitig versuchte die italienische Regierung, durch gesetzlich festgelegte Privatisierungsbestrebungen (Gesetz zum Verkauf staatseigener Unternehmen, in Kraft seit dem 30.12.1992) ausländischen Investoren mehr Handlungsspielraum zu geben.[33]

Die Abwertung der Lira zog einen Einbruch bei den Importen und der Inlandsnachfrage, sowie im Gegenzug einen starken Aufschwung der Exportkonjunktur nach sich.[34] Dies und die umfassenden Umstrukturierungsprozesse hatten zur Folge, daß öffentliche und private Großunternehmen im Wettbewerb von den Klein- und Mittelunternehmen überholt wurden, denen u.a. die günstigeren Kreditkonditionen zugute kamen. Diese Unternehmen „[...] stellten die notwendigen Ressourcen für ein Überleben der Wirtschaft, während diese auf ein Wiederaufleben wartete."[35].

Ende 1993 begann sich die italienische Wirtschaft leicht zu erholen. Die voranschreitenden Privatisierungsbemühungen und eine liberalisierte Arbeitsmarktordnung trugen ebenfalls dazu bei, daß Italien auch für ausländische Investoren immer attraktiver geworden ist.

Da die wirtschaftliche Leistungsfähigkeit Süditaliens jedoch stark hinter der Leistungsfähigkeit von Nord- und Mittelitalien zurück lag und noch liegt, haben sich in dieser Zeit die Differenzen in der regionalen Entwicklung des Landes noch stärker abgezeichnet. So betrug das Pro-Kopf-Einkommen 1993 noch 59,5% desjenigen des Nordens; 1995 jedoch nur noch 57,2% mit fortlaufender Tendenz, da die Investitionen

---

[32] Vgl. o.V. (1994), *Doing Business in Italy*, Kapitel 1.
[33] Vgl. ebenda.
[34] Vgl. IWD (Hrsg.) (1994), Nr. 14, S. 6.
[35] o.V. (1994), *Doing Business in Italy*, Kapitel 1.

im Süden auch jetzt noch wesentlich geringer sind, und somit eine hohe Arbeitslosigkeit herrscht.[36]

Der bereits stattfindende gesellschafts-, wirtschafts- und sozialpolitische Wandel Italiens wurde seit dem 01.01.1993 durch den Wegfall der Grenzen im europäischen Binnenmarkt sowie die Angleichungen an EU-Normen und -Vorschriften noch weiter verschärft.

Die per Referendum erwirkte Umstellung vom Verhältnis- auf ein Mehrheitswahlrecht hatte das Ende der Parteienherrschaft zur Folge. Dies bedeutete jedoch lediglich eine Aufspaltung des Parlaments in ein Mitte-Rechts- und Mitte-Links-Bündnis. Mit dem Austritt der Lega-Nord aus dem Mitte-Rechts-Bündnis endete die Regierung Berlusconi. Die Anfang 1995 in Kraft getretene Übergangsregierung Dini-Lamberto wurde am 21. April 1996 abgelöst durch die Mitte-Links-Regierung Prodis, der es gelang, die Lira wieder so zu stabilisieren, so daß im November 1996 ein Wiedereintritt in das EWS möglich wurde.[37]

Diese nach Kriegsende bisher am zweitlängsten amtierende Regierung scheiterte im Oktober 1998 an der Vertrauensfrage. Der nach Prodis Rücktritt mit der Regierungsbildung beauftragte linksdemokratische DS-Generalsekretär Massimo D'Alema erreichte zwar nur pro forma eine politische Stabilität durch die Erweiterung seines Kabinetts, es konnten jedoch Neuwahlen vor dem Start der Europäischen Währungsunion vermieden werden.[38] Nach dem Rücktritt D'Alemas, der im April 2000 sein Amt niederlegte, bildete Giuliano Amato das bereits 58. Kabinett seit 1945.[39]

Die folgende Darstellung zeigt die Entwicklung einiger wichtiger Wirtschaftsindikatoren im Verlauf der letzten Jahre.

---

[36] Vgl. F.A.Z. (Hrsg.) (1997), S. 14.
[37] Vgl. Dresdner Bank (Hrsg.) (1996).
[38] Vgl. Deutscher Sparkassen Verlage (Hrsg.) (1999), Merkblatt 5A Italien, S. 2.
[39] Vgl. Deutscher Sparkassen Verlag (Hrsg.) (2001), Merkblatt 1B Italien, S. 2.

Abb. 2

Wichtige Wirtschaftsindikatoren

	1996	1997	1998	1999	2000*	2001**
BIP nom. (in Mrd.. US$)	1.213,7	1.165,0	1.192,0	1.171,0	1.060,0	1.125,0
BIP Veränderung real (in % gegenüber Vorjahr)	0,7	1,8	1,5	1,4	2,6	2,8
Staatsverschuldung (in % des BIP)	124,8	119,8	116,3	114,9	111,5	107,0
Preissteigerungsrate (Jahresdurchschnitt in %)	3,9	1,9	2,0	1,7	2,5	2,0
Arbeitslosenquote (in %)	12,1	11,8	11,8	11,4	10,7	10,1

(*Schätzung; ** Prognose)

Quelle: Eigene Darstellung in Anlehnung an Deutscher Sparkassen Verlag (Hrsg.)
(1999 und 2001), Merkblatt 5A und 1B Italien

1.1.3. Aktuelle Ausgangssituation

Heute ist Italien eine Industrienation, offen für internationale Märkte und Wirtschaftsstrukturen. Nach dem Wegfall aller wirtschaftlichen Grenzen zwischen den EU-Ländern gilt der Grundsatz des freien Güter-, Kapital-, Dienstleistungs- und Personenverkehrs. Selbst die wenigen noch bestehenden Hindernisse in bestimmten Dienstleistungsbereichen (Banken, Versicherungen) sollten in der nächsten Zeit beseitigt werden.[40]

Die politische Landschaft ist jedoch aufgrund der ständigen Regierungswechsel nach wie vor instabil. Der Regierung Prodi ist es zwar gelungen, die Privatisierungsvorhaben weiter voranzutreiben und die Inflationsrate zu senken. Die hohen Steuern und Abgaben, eine schwache Konjunktur und stagnierende Reallöhne dämpfen jedoch die Binnennachfrage und die hohe Staatsverschuldung von knapp 115% des BIP (1999) stellt auch weiterhin ein großes Problem dar.

All diese Faktoren verschärfen das bereits bestehende Problem der Arbeitslosigkeit. Mit einer Beschäftigungslosenrate von ca. 12% (Ende 1998 von immerhin noch 11%) liegt Italien im europäischen Spitzenfeld, wobei diese Quote hauptsächlich auf die hohe Arbeitslosigkeit in Süditalien zurückzuführen ist. Während in Norditalien bei einer Arbeitslosenquote von 6,9% in einigen Regionen Vollbeschäftigung (zum Beispiel Trentino-Südtirol), bzw. sogar Facharbeitermangel (im Nordosten) herrscht und Mit-

---

[40] Vgl. o.V. (1994), *Doing Business in Italy*, Kapitel 1.

telitalien mit 10,4% noch im erträglichen Rahmen liegt, stellt sich die Lage in Süditalien mit einer Quote von 21,2% eher erschreckend dar. Besonders die Jugendarbeitslosigkeit (Arbeitnehmer bis 29 Jahren) von gut 55% im Süden (landesweit 34%) stellt die Regierung vor die Aufgabe, neue Arbeitsplätze im *Mezzogiorno* zu schaffen.[41]

Nachdem die Stabilitätsversprechungen der Regierung D'Alema nicht wie angekündigt erfüllt wurden, handelt die derzeitige Mitte-Links-Regierung unter Amato zwar zögernd, aber sicher. Geplant sind Steuererleichterungen, weitere Privatisierungen und Beschäftigungsprogramme, um die Konjunktur zu beleben und Strukturveränderungen einzuleiten. Die jetzige Regierung garantiert somit zwar eine gewisse Kontinuität bei den Stabilitätsbemühungen, faßt jedoch – insbesondere im Vorfeld der anstehenden Parlamentswahlen – wichtige politische Themen, wie die Reformen im Renten- und Gesundheitswesen, auf dem Arbeitsmarkt, bei den Staatunternehmen und im Verkehrs- und Schulbereich, nur zögernd an.[42]

---

[41] Vgl. BfAI (Hrsg.) (Juni 1996), Länderreport Italien, S. 6 f..
[42] Vgl. Deutscher Sparkassen Verlag (Hrsg.) (2001), Merkblatt 1B Italien, S. 2ff..

1.2. Stellung und Bedeutung in der EU und als Handelspartner Deutschlands

1.2.1. Italien in der EU

Um die italienische Wirtschaft wieder anzukurbeln und die eben genannten Probleme zu lösen, setzte die Regierung unter Romano Prodi erfolgreich alles daran, zu den ersten Teilnehmerstaaten der Europäischen Währungsunion zu gehören. Neben beträchtlichen Einsparungen bei den Zinskosten versprach sich die Regierung durch eine einheitliche Währung und dem damit verbundenen Wegfall von Wechselkursschwankungen eine Belebung der Nachfrage und Entstehung neuer Geschäftsfelder.

Zwar erfüllte Italien nicht alle Konvergenzkriterien - tatsächlich konnte Italien zusammen mit Griechenland 1996 noch kein einziges der Kriterien erfüllen -, aber die Anstrengungen zur Sanierung der italienischen Wirtschaft waren recht erfolgreich bezüglich der Inflationsrate, des Wechselkurses und der Zinsen. Somit gehört Italien zu den Ländern, die ihre Währung am 01.01.2002 endgültig auf den Euro umstellen werden. Die Rückkehr der Lira in das EWS hat den „Europa-Willen"[43] Italiens gezeigt und auch die Inflationsrate nähert sich dem EU-Durchschnitt (siehe Graphik).

---

[43] BfAI (Hrsg.) (1996/97), Länderreport Italien, S. 6.

Abb. 3

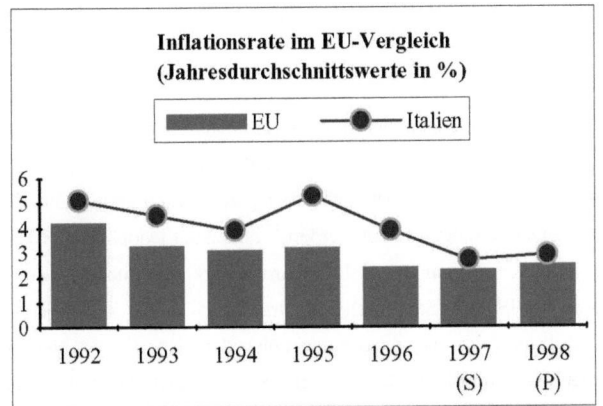

Quelle: Eigene Darstellung in Anlehnung an F.A.Z. (Hrsg.) (1997), S. 9;

aus: OECD; Banca Commerciale Italiana.

((S) = Schätzung, (P) = Prognose)

Laut der Zeitschrift *Rivista Economica* der Deutsch-Italienischen Handelskammer (DIHK) ist die Frage „[...] nicht so sehr, ob und wann Italien der EWU beitritt, sondern ob es auch mittel- bis langfristig dabeibleiben kann."[44].

Trotz der erwarteten Konjunkturerholung bleibt Italien mit seinem Wirtschaftswachstum noch hinter den anderen EU-Staaten zurück. Die Auslandsnachfrage hat aufgrund der Liraaufwertung und der allgemein schwachen Konjunktur auch in den Hauptabnehmerländern Frankreich und Deutschland nachgelassen. Da für 1997 ein leichter Konjunkturaufschwung in der Rest-EU erwartet wird, hofft man auch auf eine Besserung in Italien. Der erwartete Handelsbilanzüberschuß von 58,1 Mrd. US$ basiert jedoch weniger auf einer Erhöhung der Exporte, sondern auf den auf Dollarbasis sinkenden Importen.[45]

---

[44] o.V. (1996), Wirtschaftstrends 1996/97, S. 3.
[45] Vgl. F.A.Z. (Hrsg.) (1997), S. 12.

Mittlerweile gehört Italien zwar zu den „drei Schwergewichten"[46] der 11 Länder der Eurozone, bildet jedoch immer noch das Schlußlicht in der Europäischen Währungsunion.

Im Handel mit den EU-Ländern wurde 1995 erstmals ein Defizit verzeichnet. Rund 59% aller Exporte gingen in die EU und ca. 63% aller Importe stammten von dort. Anfang 1996 hat sich dieses Defizit leicht verringert und konnte im Jahresverlauf wieder in einen Überschuß umgewandelt werden.[47] Italien hat jedoch seine Exporttätigkeit in Nicht-EU-Länder, insbesondere nach Osteuropa stark ausweiten können.

Die Prognosen des ISTAT (Statistisches Zentralamt in Italien) zeigen jedoch, daß im Verlauf der nächsten Jahre die Importe gegenüber den Exporten voraussichtlich überwiegen werden, da sich insbesondere bei den Exporten zeigt, welch wichtige Rolle die früheren Lira-Abwertungen im internationalen Wettbewerb gespielt haben. Als wichtigster Handelspartner Italiens hat Deutschland jedoch nach wie vor einen großen Anteil an den italienischen Gesamtimporten. Von Januar bis Juni 1996 betrug der Gesamtimport Italiens 165,3 Bill. Lire. Davon betrug die Einfuhr aus Deutschland allein schon 30,7 Bill. Lire.[48] Ungefähr 34,2% aller italienischen Importe aus den EU-Mitgliedsländern stammen aus Deutschland.[49] Auch in der ersten Jahreshälfte 1998 betrug der Wert der deutschen Ausfuhren noch 37,2 Mrd. DM, der Wert der deutschen Einfuhren immerhin 32,1 Mrd. DM.[50]

1.2.2 Deutsch-italienische Handelsbeziehungen

Trotzdem die Anteile seit einiger Zeit rückläufig sind, bleibt Deutschland der mit Abstand wichtigste Handelspartner Italiens (s. Abb. 4). Ungefähr 19% der italienischen Importe stammen aus Deutschland, während ca. 17% der italienischen Exporte nach Deutschland geliefert werden. Für Italien nimmt Deutschland den Platz Nummer eins im bilateralen Handel ein, wogegen Italien für Deutschland der drittwichtigste Lieferant und Kunde ist. Das bedeutet, daß auf beiden Seiten bedeutende Handelsverflechtungen bestehen.

---

[46] Deutscher Sparkassen Verlag (Hrsg.) (2000), Aussen Wirtschaft, S. 29.
[47] Vgl. BfAI (Hrsg.) (Juni 1996), Länderreport Italien, S. 8.
[48] Vgl. ISTAT in: BfAI (Hrsg.) (1996/97), Länderreport Italien, S. 7.
[49] Vgl. BfAI (Hrsg.) (1994), Wirtschaftsentwicklung, S. 7 f.
[50] Vgl. Deutscher Sparkassen Verlag (Hrsg.) (1999), Merkblatt 5A Italien, S. 4.

Abb. 4

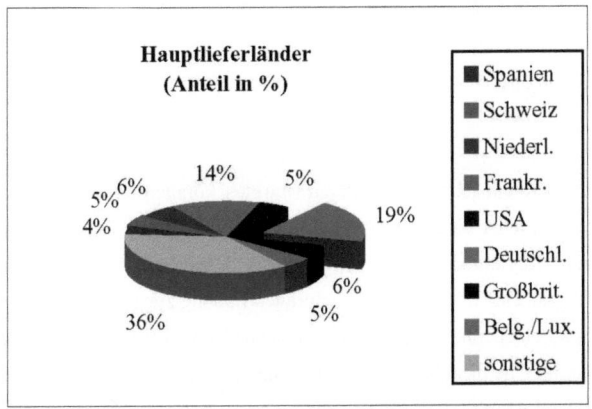

Hauptlieferländer (Anteil in %)

- Spanien
- Schweiz
- Niederl.
- Frankr.
- USA
- Deutschl.
- Großbrit.
- Belg./Lux.
- sonstige

Quelle: Eigene Darstellung in Anlehnung an BfAI (Hrsg.) (1996), Wirtschaftsdaten aktuell, S. 3.

Selbst unter Berücksichtigung störender Faktoren bestehen gute Aussichten für die deutsch-italienischen Handelsbeziehungen. Die Rahmenbedingungen für eine konjunkturelle Erholung und damit eine erhöhte Exporttätigkeit sind in Deutschland günstig. Niedrige Zinsen, geringe Inflation und günstige Wechselkurse in Bezug auf die wichtigsten Währungen sowie eine relativ günstige Preisentwicklung lassen diese Annahme zu. Die niedrige Inflation in Italien und die Teilnahme beider Länder an der Europäischen Währungsunion sprechen trotz der schwachen Inlandskaufkraft und des schwachen Wirtschaftswachstums für gute Chancen deutscher Exporte. Die erhoffte Schuldenverringerung und die damit verbundene Abnahme der Geldkosten sollen zukünftige Investitionen erleichtern.[51]

Die Ausfuhr von Deutschland nach Italien betrug 1998 rd. 65,3 Mrd. DM, was einen Zuwachs von 10,5% gegenüber dem Vorjahr ausmacht.[52]

---

[51] Vgl. de Zotti, Giovanni (1997).
[52] Vgl. Deutscher Sparkassen Verlag (Hrsg.) (1999), Merkblatt 5A Italien, S. 4.

31

Exportiert werden in erster Linie Kraftfahrzeuge, Maschinen, elektrotechnische Erzeugnisse, chemische Vorerzeugnisse und tierische Nahrungsmittel.[53] Besonders günstige Verkaufsmöglichkeiten bieten dabei Spezialmaschinen, High-Tech-Geräte und Produkte, deren wichtigstes Verkaufsargument die Serviceleistungen sind.[54] Eine genauere Auflistung der Warengruppen mit ihrem wertmäßigen Anteil findet sich im Anhang A1.

Trotz eines allgemein leicht rückläufigen Marktes konnten deutsche Pkw-Hersteller, die in Italien von jeher einen guten Stand haben, ihren Absatz Ende 1996 erhöhen, da die italienische Regierung eine zeitlich begrenzte Verschrottungsprämie für Pkw ausgesetzt hatte, was eine relativ starke Nachfrageerhöhung zur Folge hatte.[55]
Auch auf dem Feinchemiesektor konnten deutsche Firmen Erfolge verbuchen. Da Italien ein Defizit im Chemieaußenhandel verzeichnet, ist dieser Sektor stark importabhängig. Deutschland ist in diesem Bereich mit einem Importanteil von fast 25% das wichtigste Lieferland. Die meisten deutschen Chemiefirmen sind daher in Italien auch mit einer eigenen Produktionsstätte vertreten.[56]
Als weitere erwähnenswerte Großprojekte mit deutscher Beteiligung sind u.a. das Engagement der Siemens AG über ihre Tochtergesellschaft Siemens Telecomunicazione SpA an der Italtel SpA sowie das der Krupp Hoesch AG zusammen mit italienischen Stahlproduzenten an den Spezialstahlwerken in Turin zu nennen.[57]

Zusammengefaßt kann man sagen, daß sich die Chancen für deutsche Anbieter auf dem italienischen Markt verhältnismäßig gut darstellen. Einige Branchen werden durch die Umstellung auf eine gemeinsame Währung eine steigende Nachfrage verzeichnen können ebenso wie möglicherweise eine Ausweitung ihrer Geschäftsfelder, worauf jedoch in Kapitel 8 näher eingegangen werden soll.

Um jedoch auf dem italienischen Markt erfolgreich zu sein, müssen u.a. spezielle Charakteristiken und Gesetzesregelungen berücksichtigt werden. Zwar besteht eine Tendenz zur Angleichung an die Nachbarländer, was besonders durch die Anpassungen an

---

[53] Vgl. Deutscher Sparkassen Verlag (Hrsg.) (2001), Merkblat 1B Italien, S. 4.
[54] Vgl. BfAI (Hrsg.) (1996), Wirtschaftsdaten aktuell, S. 4.
[55] Vgl. F.A.Z. (Hrsg.) (1997), S. 13.
[56] Vgl. BfAI (Hrsg.) (1996), Geschäftspartner, S. 30 ff..

EU-Normen und -Vorschriften geschieht, aber trotzdem erfordert der italienische Markt eine etwas andere Behandlung als zum Beispiel der deutsche.[58]

Das folgende Kapitel zeigt diese besonderen Merkmale des Marktes und der Mentalität auf und gibt Hilfestellungen für den Umgang mit dem italienischen Geschäftspartner.

---

[57] Vgl. BfAI (Hrsg.) (1994), Wirtschaftsentwicklung, S. 7 ff..
[58] Vgl. de Zotti, Giovanni (1997).

2. Umgang mit italienischen Geschäftspartnern

2.1. Marktbeschreibung

„Wer es lernt, das „Modell Italien" zu verstehen und die Marktmechanismen zu durch-
schauen, findet seinen Markt, und zwar einen guten Markt."[59]

Dem Präsidenten der DIHK zufolge ist es daher zunächst notwendig, sich mit den Besonderheiten dieses Marktes auseinanderzusetzen.

Das wohl markanteste Charakteristikum des italienischen Marktes ist die Vielzahl der
Klein- und Mittelunternehmen. Über 90% der mehr als 5 Mio. Unternehmen fallen in
diese Kategorie. Die Anzahl der selbständig Gewerbetreibenden liegt mit 213 pro
1.000 Erwerbstätigen über dem EU-Durchschnitt.[60] Diese Unternehmerlandschaft, in
der man praktisch ein Unternehmen je 10 Einwohner rechnen kann, unterscheidet sich
somit stark von der Struktur anderer EU-Länder.

Die Vorteile dieser kleinen, meist von der Familie kontrollierten und auf den Export
gerichteten Firmen sind ihre hohe Flexibilität und Anpassungsfähigkeit sowie ihre Fä-
higkeit, sich bietende Chancen unmittelbar zu nutzen. Allerdings haben diese kleinen
bis mittelgroßen Familienbetriebe oft Schwierigkeiten bei der technologischen Innova-
tion, Marktgestaltung und Kapitalbeschaffung, was zu einer verhältnismäßig geringen
Expansion italienischer Unternehmen auf dem europäischen Markt führte und noch
führt.[61] Trotz allem finden diese Unternehmen ihre Märkte auch außerhalb Italiens,
was nicht zuletzt auch auf die für die italienische Industrie typischen Gebietssysteme
(*distretti*) zurückzuführen ist. Darunter versteht man Industrieregionen, in denen viele
Klein- und Mittelbetriebe einer Branche oder eines ähnlichen Geschäftsbereiches tätig
sind. Diese Unternehmen schließen sich oftmals aufgrund ihrer unterschiedlichen Dif-
ferenzierung, Spezialisierung und Integrierung zusammen, um einen (Groß-) Auftrag
gemeinsam zu erfüllen, den eine dieser Firmen erhalten hat, aber nicht alleine ausfüh-

---

[59] De Zotti, Giovanni (1997).
[60] Vgl. BfAI (Hrsg.) (1994), Verkaufen, S. 6.
[61] Vgl. von Boehmer, Henning (Hrsg.) (1993), S. 2 f..

ren kann.[62] Dies führt im verstärktem Maße dazu, daß die Unternehmen sofort auf Marktnachfragen reagieren, und die handwerklichen Fertigkeiten perfektioniert werden können. Dieses Beispiel einer industriellen Struktur führt neben einer Zersplitterung von Produktion und Handel auch zu Gebieten von lokaler Vortrefflichkeit. So hat sich zum Beispiel die Region Ivrea im Bereich Computertechnologie, die Region Emilia in der Nahrungsmittelherstellung und die Region Brescia im Bereich Schwermetalle spezialisiert.[63] Die einzelnen Gebietssysteme suchen stets Kooperationsmöglichkeiten, insbesondere auch im Ausland.

Eine solche industrielle Strukturierung hat zur Folge, daß es entsprechend wenige konzentrierte Großunternehmen gibt. Der private Sektor wird von einigen wenigen bekannten Namen, wie zum Beispiel FIAT (Automobile), Pirelli (Reifen), Olivetti (Elektronik) bestimmt, die oft auch über Holdings des jeweils anderen verfügen.[64] Auf dem staatlichen Sektor dagegen erwirtschaften staatseigene kapitalstarke Holdinggesellschaften ca. 25 % des BIP.[65] Trotz der voranschreitenden Privatisierungsbestrebungen hat der Staat somit noch einen großen Einfluß auf das Wirtschaftsleben des Landes. Zu den großen Holdinggesellschaften, die zusammen mit einigen anderen Großunternehmen and die Börse gebracht wurden, gehören u.a. die IRI, die als eine der fünf größten Gesellschaften Europas die italienische Eisen-, Stahl-, Werft- und Flugzeugproduktion kontrolliert, die ENI als ein Energie- und Chemiekonzern mit rund 200 Tochtergesellschaften sowie die ENEL als Elektrizitätsversorgungsgesellschaft sowie die Telecom Italia, wobei der staatliche Einfluß nicht ganz aufgegeben wurde. So hat zum Beispiel die öffentliche Hand bei der ENEL die Kapitalmehrheit von 65% behalten und hält bei strategisch wichtigen, aber bereits privatisierten Unternehmen die sog. „goldene Aktie". Zudem besitzen die Kommunen landesweit noch 1.500 Apotheken.[66]

Desweiteren nimmt der Staat Einfluß durch eine Vielzahl von Gesetzen, Verordnungen und Vorschriften. Trotz der zunehmenden Angleichung an die EURichtlinien, fehlen jedoch entsprechende Durchsetzungsbestimmungen und Kontrollmöglichkeiten.

---

[62] Vgl. De Zotti, Giovanni (1997).
[63] Vgl. o.V. (1994), *Doing Business in Italy*, S. 5.
[64] Vgl. ebenda.
[65] Vgl. von Boehmer (Hrsg.) (1993), S. 2 f.
[66] Vgl. Deutscher Sparkassen Verlag (Hrsg.) (2001), Merkblatt 1B Italien, S. 3.

Aus diesem Grund ist zum Beispiel die italienische Umweltpolitik noch äußerst schwach entwickelt und das komplizierte Steuersystem funktioniert nicht so wie es sollte.[67]

Da die offiziellen Regelungen daher oft nicht sinnvoll erscheinen, richtet sich der italienische Markt oft nach seinen eigenen Regeln. Für den Außenstehenden entsteht somit ein Eindruck von Chaos und völliger Diskrepanz zum eigenen Markt. Wer den italienischen Markt jedoch kennen und verstehen lernt, merkt, daß dieser lediglich einer anderen Behandlung und anderer Verhaltensregeln bedarf.[68]

So muß u.a. auch dem starken Wirtschafts- und Mentalitätsgefälle Rechnung getragen werden, das zugleich ein Einkommensgefälle mit sich zieht. So liegt das durchschnittliche Einkommen einer süditalienischen Familie bei ca. 30 Mio. Lire, das einer norditalienischen immerhin bei ca. 41 Mio. Lire.[69] Während die Bevölkerungsdichte von Norden nach Süden abnimmt, nimmt die Haushaltsgröße in umgekehrter Richtung zu. Im Norden überwiegt der Zweipersonenhaushalt, während im Süden meist von vier Personen ausgegangen werden kann. Dies führt natürlich zu einem unterschiedlichen Konsumverhalten, aber auch zu einem anders strukturierten Handel.[70]

Nichtsdestotrotz sollte Süditalien als aussichtsreicher Absatzmarkt nicht unbeachtet bleiben. Insbesondere Apulien, Latium, ein Teil Kampaniens und vor allem Abruzzen sind bemerkenswert industrialisiert, wogegen Molise, Kalabrien und weite Teile Siziliens wirtschaftlich eher als unterentwickelt bezeichnet werden müssen.[71] Von den meisten ausländischen Firmen wird jedoch Norditalien aufgrund der Kaufkraft und Industriekonzentration als erfolgversprechendster Teilmarkt angesehen.

Neben Direktinvestitionen und Unternehmenskooperationen bietet sich für den deutschen Unternehmer, der den italienischen Markt bearbeiten will, der Export an, da deutsche Produkte in Italien einen guten Ruf genießen. Da in Italien im hochtechnologischen Bereich nur wenige Normen bestehen, haben deutsche Produkte mit ihrer hohen technologischen Sicherheit gute Absatzchancen, auch wenn die deutschen Normen oftmals für italienische Verhältnisse zu streng sind. Diesbezüglich sollte der deutsche

---

[67] Vgl. BfAI (Hrsg.) (1994), Verkaufen, S. 15.
[68] Vgl. de Zotti, Giovanni (1997).
[69] Vgl. BfAI (Hrsg.) (1994), Verkaufen, S. 6.
[70] Vgl. BfAI (Hrsg.) (1996), Geschäftspartner, S. 47.

Hersteller bei Produkten für den italienischen Markt etwas „abspecken", u.a. weil dort bereits die EU-Normen umgesetzt werden, so daß man sich an diesen anstelle der DIN-Normen orientieren sollte.

Wird neben der hohen Produktqualität und einem ansprechenden (möglichst italienischen) Design außerdem noch Wert auf Kundendienst und Wartung (im Investitionsgüterbereich) gelegt, so hat das Produkt äußerst gute Chancen bei den italienischen Interessenten, da das Dienstleistungsangebot zu einem der wichtigsten Verkaufsargumente geworden ist.[72]

Vor dem Markteintritt in Italien stellt sich für den deutschen Exporteur die Frage, wie er sein Produkt oder seine Produktpalette an den Kunden bringen kann, falls er nicht bereits über eine eigene Niederlassung oder Tochtergesellschaft in Italien verfügt. Es bieten sich zunächst einmal die Möglichkeiten des Direktverkaufs oder des Verkaufs über einen Großhändler an, wobei zu entscheiden ist, ob dies mit oder ohne Einschalten eines Vertreters geschehen soll.

Der direkte Verkauf an den Anwender ist im Grunde nur zu empfehlen, wenn der deutsche Unternehmer bereits auf persönliche Verbindungen zurückgreifen kann, oder den italienischen Markt nur sporadisch beliefern will, zumal der italienische Abnehmer oft nicht bereit ist, die erforderlichen Formalitäten zu erledigen.[73] Anderenfalls ist der Verkauf über einen Großhändler, der oft auch gleichzeitig Importeur ist, zu empfehlen, da sich dieser besser mit den komplizierten Import- und Kreditbestimmungen sowie mit der sich ständig ändernden und unübersichtlichen Gesetzgebung auskennt. Außerdem beliefert der Großhändler u.a. Verbrauchermärkte, Warenhäuser und Einkaufsgenossenschaften, und verfügt damit oft bereits über einen verhältnismäßig großen Kundenstamm.[74]

Zur Frage, ob ein Vertreter eingeschaltet werden sollte oder nicht, ist anzumerken, daß Italien ein ausgesprochener Vertretermarkt ist. Aufgrund seiner Wirtschaftsstruktur mit vielen Klein- und Mittelunternehmen sowie der Mentalität der italienischen Abnehmer,

---

[71] Vgl. BfAI (Hrsg.) (1994), Verkaufen, S. 6 ff..
[72] Vgl. Haldenwang, Holger (1997).
[73] Vgl. BfAI (Hrsg.) (1994), Verkaufen, S. 12.
[74] Vgl. ebenda.

die einen ausgesprochen hohen Wert auf persönliche Beziehungen legen, erscheint die Inanspruchnahme eines Vermittlers mehr als nur sinnvoll, da die Kundenpflege in Italien äußerst zeitaufwendig ist und sich nicht nur auf technische Informationen beschränkt. Voraussetzung ist, daß der Vertreter bereits über viele gute persönliche Kontakte sowie eine hohe Fachkenntnis verfügt. Soll nicht nur der Norden Italiens, sondern das gesamte Land bearbeitet werden, genügt es aufgrund der Größe und Differenziertheit des Landes jedoch nicht, lediglich einen einzigen Vertreter für alle Regionen einzusetzen. Aus diesem Grund ist es üblich, die jeweiligen Regionalvertreter mit Exklusivverträgen für ihre Gebiete auszustatten. Eine andere Möglichkeit wäre die Zusammenarbeit mit einem Vertreter, der über ein entsprechendes Subvertreternetz oder eine gute Vertriebsorganisation verfügt.[75]

Die meisten Unternehmen, besonders wenn sie neu auf dem italienischen Markt sind, bevorzugen Mailand als Vertreterstandort für Nord- und Mittelitalien. Da die Infrastruktur (Post, Bahn, Transportwesen und Abfallverwertung) trotz beginnender Verbesserungen durch den EG-Binnenmarkt immer noch äußerst leistungsschwach ist,[76] bietet sich die Industriemetropole wegen der verkehrsgünstigen Ausgangslage natürlich an, obwohl in den Regionen Nord- und Mittelitalien auch andere attraktive Standorte in Frage kämen, wie zum Beispiel Verona, Bozen oder Turin. Im allgemeinen gilt der Norden Italiens und ganz besonders die Region Südtirol als geographische und vor allem auch sprachliche Brücke.[77] Jedoch auch der Süden wird durch Tourismus, High-Tech-Dienstleistungen und Industrie immer interessanter als Standort für ausländische Unternehmen oder ihre Vertretungen. Die dort stattfindenden Messen, wie zum Beispiel in Bari, sind Anlaufstellen für Kunden und Aussteller aus dem gesamten Mittelmeerraum, die unter Umständen auf anderen Messen nicht so zahlreich anzutreffen sind.

Da der Wahl eines geeigneten Handelsvertreters eine so überragende Bedeutung zukommt, wird dieses Thema im Abschnitt 2.3.2 weiter vertieft.

Um sich besser auf seinen italienischen Geschäftspartner einstellen zu können, ist es aber nicht nur notwendig, die wirtschaftlichen Gegebenheiten zu kennen. Auch die Mentalität spielt eine große Rolle, womit sich daher der folgende Abschnitt befaßt.

---

[75] Vgl. de Zotti, Giovanni (1997).
[76] Dies könnte u.a. ein Grund für den kaum entwickelten Versandhandel in Italien sein.
[77] Vgl. BfAI (Hrsg.) (1994), Verkaufen, S. 12.

2.2. Mentalität

Allen Italienern ist ein gewisses typisch italienisches Selbstverständnis zu eigen. Sie sind sowohl stolz auf die Geschichte, Kunst und Kultur ihres Landes, als auch auf dessen große Vergangenheit und wirtschaftlichen Leistungen.

Das trotz allem oft vorherrschende Bild, das man allgemein vom italienischen Volk hat, steckt voller Vorurteile und Verallgemeinerungen. So stimmt zum Beispiel das weitverbreitete Vorurteil, daß Italiener faul seien, nicht. Im Gegenteil: Zeitlich gesehen widmen sie ihrer Arbeit oft wesentlich mehr Zeit als die Deutschen. Die wöchentliche Arbeitszeit beträgt im Durchschnitt für Angestellte 36 und für Freiberufliche 43 Stunden. Die meisten gehen jedoch zusätzlich einem Nebenerwerb nach. Grundsätzlich gilt, daß die Arbeitnehmer desto engagierter sind, je familiärer der Betrieb ist. Reguläre Jobs sind oft schlecht organisiert und werden eher gleichgültig angegangen.[78]

In Deutschland wird vor Beginn eines Projektes alles bis in das kleinste Detail geplant, diskutiert und entschieden, so daß die Durchführung meist relativ reibungslos verläuft, da sich alle Beteiligten an die zuvor gefaßten Beschlüsse halten. In Italien dagegen wird ein Projekt oft direkt in die Tat umgesetzt, ohne es in besonderem Maße vorher zu planen. Modifikationen finden im Verlauf der Durchführung statt und einige Dinge werden erst währenddessen geregelt oder entschieden. Das führt dazu, daß zwar ein schnellerer Start erreicht wird, aber auch, daß schneller Fehler entstehen können und es somit zu Rückschritten kommen kann.[79]

Zudem kommt, daß italienische Arbeitnehmer die Angewohnheit haben, oft stunden- oder tagelang ohne *permesso* (kurzfristige Beurlaubung) nicht am Arbeitsplatz zu erscheinen. Sie lassen sich dann in dieser Zeit von Kollegen vertreten oder mit Ausreden entschuldigen. In solchen Fällen ist der betreffende Arbeitnehmer i.d.R. für die Familie tätig (zum Beispiel bei Krankheit eines Familienmitgliedes o.ä.).[80]

Was die Pünktlichkeit der Italiener betrifft, so ist diese in bestimmten Kreisen eine Frage des Stils und der Macht. Generell werden Italiener ebenso zur Pünktlichkeit erzogen wie die Deutschen. In Politikerkreisen gehört es jedoch zum guten Ton, vereinbarte Zeiten zu überschreiten. Zu große Pünktlichkeit kann auch in Managerkreisen

---

[78] Vgl. Kienlechner, Sabina (1996/97), S. 10.
[79] Vgl. de Filippis, Alberto (1997), S. 22.
[80] Vgl. Kienlechner, Sabina (1996/97), S. 10.

eher aufdringlich und übereifrig wirken. Das richtige Maß an Unpünktlichkeit ist dabei Sache des Gefühls. Auf jeden Fall muß man damit rechnen, daß einen der jeweilige Geschäftspartner dann ebenfalls eine Weile im Vorzimmer warten läßt, um seinerseits Geschäftigkeit zu zeigen. Je mehr sich der Partner in diesem Spiel als Sieger fühlt, desto freundlicher wird er seinen Besucher empfangen.[81]

Die Mentalitätsunterschiede zeigen sich jedoch nicht nur in der Arbeitsweise oder Pünktlichkeit. Sie werden auch sehr deutlich bei der Darstellung der Produkte, bei der Präsentation auf Messen und bei der Verpackung. Da die italienische Bevölkerung durch die Vielzahl an Kulturgütern ihres Landes an Kunst und Schönheit gewöhnt ist, hat der ästhetische Aspekt für den italienischen Kunden eine äußerst große Bedeutung. Ökologie und technische Aspekte, die in Deutschland Priorität besitzen, müssen hier insbesondere bei der Produktpräsentation hinten an gestellt werden.[82] Emotionalen Aspekten wird daher auch in der Werbung der Vorzug gegeben. Je weiter man in den Süden kommt, desto gefühlsbetonter sind die Menschen. Da Prestige für den Italiener besonders wichtig ist, ist das Markenbewußtsein der Verbraucher höher als in anderen europäischen Ländern. Das Produkt als Statussymbol wird somit zu einem der wichtigsten Verkaufsargumente.[83] Trotz allem sind Funktionalität, Lebensdauer und Wirtschaftlichkeit eines Produktes nicht weniger wichtig. Der Trend geht auch in Italien zu einem verstärkten Qualitätsbewußtsein und dem richtigen PreisLeistungsverhältnis. Der italienische Verbraucher stellt sich somit als (technologisch) anspruchsvoll, mode- und markenbewußt dar. Da italienische Nachfrager grundsätzlich für neue Produkte aufgeschlossen sind, sofern sie mit einem entsprechenden Design aufwarten können, haben deutsche Produkte aufgrund ihrer zuverlässig hohen Qualität gute Verkaufschancen.[84]

Der in Italien herrschende starke Familiensinn bedingt auch eine ausgeprägt familienbewußte Unternehmenskultur. In Familienbetrieben delegiert das Familienoberhaupt im patriarchalischen Stil und wird von den anderen Familienangehörigen und den Angestellten als Führungsperson anerkannt. In solchen Betrieben besteht eine große Ver-

---

[81] Vgl. Kienlechner, Sabina (1996/97), S. 10.
[82] Vgl. de Zotti, Giovanni (1997).
[83] Vgl. BfAI (Hrsg.) (1994), Verkaufen, S. 8 f..
[84] Vgl. ebenda.

trauenskultur, die eine starke Identifikation mit dem Unternehmen nach sich zieht. Entscheidungen können so schneller getroffen werden und das Unternehmen wird flexibel. Nachteilig ist, daß die Nachfahren nicht immer genauso geschäftstüchtig sind wie der Unternehmensgründer und somit der Fortbestand des Unternehmens unter Umständen gefährdet sein kann. Ab einer gewissen Unternehmensdimension kann die Struktur des Familienbetriebes zusätzlich zum Nachteil werden, wenn zum Beispiel Familienangehörige nicht engagiert genug arbeiten. Einem nahen Verwandten kann nicht so problemlos ohne große familiäre Konflikte gekündigt werden wie zum Beispiel einem Manager, der seine Leistung nicht erbringt.[85]

Die Dominanz der familiären Interessen führt zudem zu einer gewissen Gleichgültigkeit gegenüber dem öffentlichen Zusammenleben. Die Familie geht allen anderen Interessen vor. Sie lebt neben dem Staat, seinen Krisen und seinen mangelhaften Institutionen her.[86] Staatliches Handeln wird somit als Eingriff in die familiäre Einheit angesehen und mit einer ablehnenden Haltung gegenüber Disziplin und Legalität sowie mit einem ausgeprägten Mißtrauen bestraft.[87] Korruption und Bestechung spielen mittlerweile trotz allem eine untergeordnete Rolle. Sie treten in Italien lediglich offener zu tage und machen sich aufgrund der zentral geführten Regierung nur indirekt für den ausländischen Investor bemerkbar. Allerdings kann es auch heute noch Wunder bewirken, über die richtigen Beziehungen zu verfügen.[88]

Eine weitere Folge des starken Familiensinnes ist der hohe Stellenwert persönlicher Beziehungen. Der persönliche Kontakt wird somit äußerst wichtig, und bedingt auch die geschäftlichen Beziehungen.[89]

Ein für den deutschen Unternehmer sehr gewohnheitsbedürftiger Punkt im Rahmen der Geschäftsbeziehungen ist die Zahlungsmoral des italienischen Geschäftspartners. Zahlungsziele wie in Deutschland sind in Italien nicht üblich und werden daher nicht eingesehen. Der folgende Ausspruch eines deutschen Großhändlers in den 80er Jahren ist daher fast schon sprichwörtlich: „Das größte Problem in Italien ist nicht, Ware zu verkaufen. Eine Kunst ist es, zur richtigen Zeit den richtigen Betrag einzutreiben."[90]

---

[85] Vgl. de Filippis, Alberto, S. 22.
[86] Vgl. Kienlechner, Sabina (1996/97), S. 38.
[87] Vgl. BfAI (Hrsg.) (1994), Verkaufen, S. 5.
[88] Vgl. Martinuzzi, Livio (1997).
[89] Vgl. de Zotti, Giovanni (1997)
[90] BfAI (Hrsg.) (1994), Verkaufen, S. 13.

Normal beträgt das Zahlungsziel 120 Tage, mindestens jedoch 90 Tage. Es hat sich jedoch ein gewisser „Sport" entwickelt, diesen Zeitraum noch zu verlängern, ohne die Geschäftsbeziehungen ernsthaft zu gefährden.[91] Während sich der Kunde im Norden Italiens i.d.R. einige Wochen nach Ablauf der Frist als zahlungswillig erweist, können im Süden Monate vergehen, bis eine Zahlung erfolgt. Üblich ist zudem, erst am Monatsende zu zahlen. Mahnungen sind - wenn überhaupt - nur in schriftlicher Form wirksam. Telefonische Zahlungsaufforderungen werden konsequent ignoriert.

Als Gründe für verspätete Zahlungen werden dann i.d.R. die leistungsschwache Infrastruktur (speziell das Postsystem und die überlasteten Telex- und Faxverbindungen), konjunkturelle Bedingungen, bürokratische Hindernisse, zugesicherte und dann doch nicht bewilligte Kredite, unklare Weisungen des Auftraggebers oder zu lange Wartezeiten bei genehmigungspflichtigen Transaktionen aufgeführt.[92] Mit diesen Problemen muß sich der italienische Unternehmer zwar tatsächlich auseinandersetzen, vielfach werden sie aber auch lediglich als Ausrede für verspätete Zahlungen benutzt.

In deutsch-italienischen Handelsbeziehungen spielen Unter- und Überlegenheitskomplexe zwar noch immer eine Rolle, aber i.d.R. kann der deutsche Unternehmer überall und von jedem einen guten Willen erwarten, besonders wenn er dem Italiener und seiner Kultur den gebührenden Respekt entgegenbringt, und ein gewisses Maß an Einfühlungsvermögen und Verständnis mitbringt. Sieht der italienische Unternehmer, daß sich der deutsche Geschäftspartner ebenso um eine gute Beziehung bemüht, so kann man sich auf seine Zuverlässigkeit verlassen.[93]

2.3. Geschäftsanbahnung

Zunächst muß sich der deutsche Exporteur klar darüber sein, welches Produkt oder welche Produktpalette er auf dem italienischen Markt anbieten will. Gebräuche, Sitten und Geschmack der italienischen Bevölkerung beeinflussen diese Entscheidung.[94] Schönheit, Mode und Eleganz sind bei der Produktgestaltung wichtige Attribute. Daher sollte auch bei Verpackung und Werbung auf Ästhetik geachtet werden. Da Statussymbole einen hohen Stellenwert haben, haben Markenprodukte gute Absatzchan-

---

[91] Vgl. Haldenwang, Holger (1997).
[92] Vgl. BfAI (Hrsg.) (1994), Verkaufen, S. 13.
[93] Vgl. ebenda, S. 27.

cen.[95] Allerdings wird ein ebenso großer Wert auf Qualität und Leistungsfähigkeit gelegt, was in den Augen der Italiener durch die deutschen Produkte gewährleistet wird. Das auszuführende Produkt sollte daher sowohl einen hohen technischen Standard, als auch ein ansprechendes Design haben, das nach Möglichkeit mit dem italienischen Partner zusammen erarbeitet werden sollte, so daß auch dieser seinen Einfluß darauf nehmen kann.[96]

Ein gutes Produkt allein garantiert jedoch noch keinen Erfolg auf dem italienischen Markt. Wichtig ist auch eine marktkonforme Bearbeitung, die aufgrund der in den vorherigen Abschnitten genannten Aspekte nicht immer einfach ist.

So sollte in Italien jedes geeignete Produkt über jeden möglichen Vertriebsweg vertrieben werden, um den Verbraucher direkt zu erreichen. Dabei sollte der Süden trotz der dort bestehenden infrastrukturellen Probleme nicht vernachlässigt werden. Das bedeutet für ein Unternehmen, daß ein großer Außendienst benötigt wird.[97] Der Aufbau eines eigenen Vertriebsnetzes ist jedoch erst sinnvoll, wenn der Exporteur bereits über eine gewisse Marktkenntnis verfügt.

Italienische Großunternehmen werden meist nach international bekanntem Muster geleitet, wogegen bei der Kontaktaufnahme mit den rein italienischen Klein- und Mittelunternehmen mit äußerster Sensibilität vorgegangen werden muß.

2.3.1. Kontaktaufnahme

Die Verkaufsanbahnung in Italien ist nicht einfach. Um einen Erstkontakt zu knüpfen bietet sich eine Vielzahl von Möglichkeiten an. So kommt als Ansprechpartner neben Banken, Institutionen, Fachvertretungen, Zeitschriften und Messen besonders die DIHK in Mailand in Frage. Sie hilft bei der Vermittlung von Vertretungen und Vertretern, bei der Benennung von Lieferanten und Abnehmern und unterstützt und berät das Unternehmen bei der Markteinführung.[98]

---

[94] Vgl. Martinuzzi, Livio (1997).
[95] Vgl. BfAI (Hrsg.) (1996), Geschäftspartner, S. 7.
[96] Vgl. Matinuzzi, Livio (1997).
[97] Vgl. CMA (1995), Lebensmittelhandel, S. IV,5.
[98] Vgl. BfAI (Hrsg.) (1994), Verkaufen, S. 8.

Da in der Anfangsphase der persönliche Kontakt zur Geschäftsführung besonders wichtig ist, bieten sich neben der sehr erfolgversprechenden persönlichen Empfehlung durch einen Dritten die italienischen Messen als gute Kontaktmöglichkeit an. Neben dem Vorteil der persönlichen Begegnung und Kontaktaufnahme gibt der Besuch oder die Teilnahme an einer Fachmesse i.d.R. einen guten Überblick über eine spezielle Branche. Marktentwicklung, Trends und Absatzchancen können so besser eingeschätzt werden. Die meisten italienischen Messen dienen weniger dem Verkauf, als der Imagepflege und Information, u.a. auch über Neuprodukte. Auf den italienischen Fachmessen treffen sich nicht nur die Einkäufer aller namhaften italienischen Handelsunternehmen, sondern auch Einkäufer aus Südamerika, Spanien, Portugal oder Nordafrika, die man auf deutschen Messen eher selten antrifft. Zusätzlich finden sich in den meist drei- bis viersprachigen Messekatalogen Adressen und Hinweise auf Herstellerfirmen, Importeure oder Handelsvertreter.[99] Messen in Italien sind somit ein wichtiges Marketinginstrument und bilden einen wesentlich stärkeren Bestandteil des Marktes als in Deutschland. Die Messe erfüllt die Funktion eines Kommunikationsmarktes, wodurch sich auch die relativ hohe Beteiligung italienischer Aussteller auf den deutschen Messen erklären läßt. Für den deutschen Unternehmer bedeutet dies jedoch auch, daß er keine allzu hohen Erwartungen an eine Messebeteiligung stellen darf, da der italienische Geschäftsmann hauptsächlich kommt, um sich zu informieren und nicht, um zu bestellen. Diese Aufgabe wird in hohem Maße von den Agenten- oder Vertreternetzen erfüllt.[100]

Die wichtigsten Messestädte im Norden sind Mailand, Bologna und Verona, wobei die Metropole Mailand mit mehr als 60 Fachmessen im Jahr „[...] nicht nur Handels-, sondern auch Public-Relations-Zentrum des Landes"[101] ist. Im Süden Italiens kommt der Messestadt Bari eine besondere Bedeutung zu.

Grundsätzlich ist die mündliche direkte Kontaktaufnahme (und sei es nur telefonisch) eher empfehlenswert und erfolgversprechend als ein schriftlicher Versuch Kontakt aufzunehmen.

Aufgrund des schlecht funktionierenden Postsystems, aber auch aufgrund der „Schreibfaulheit" der Italiener, ist mit wenig Reaktion auf jegliche Art von Briefen zu

---

[99] Vgl. BfAI (Hrsg.) (1994), Verkaufen, S. 10.
[100] Vgl. de Zotti, Giovanni (1997).
[101] BfAI (Hrsg.) (1994), Verkaufen, S. 34.

rechnen, selbst wenn es sich um Bewerbungsschreiben oder Anfragen im Zuge der Vertretersuche handelt. Als erste schriftliche Kontaktaufnahme ist das Senden eines Faxes zwar sinnvoll; es sollte jedoch eher als Bezugsmöglichkeit für ein darauffolgendes Telefongespräch betrachtet werden, da eine Antwort darauf nicht zu erwarten ist. Generell wird persönlichen Gesprächen, selbst wenn sie nur am Telefon stattfinden, stets der Vorzug gegenüber jeglichem Schriftverkehr gegeben. Ist der Kontakt einmal hergestellt, empfiehlt sich daher ein persönlicher Besuch in Italien, um eine engere Beziehung zum italienischen Partner aufzubauen. Im Regelfall ist dies wesentlich erfolgversprechender als ein detaillierter Schriftverkehr.[102]

Sind Geschäftsbriefe jedoch unvermeidlich, so müssen gewisse formelle Grundregeln beachtet werden. Ein in geschäftlich trockenem Ton formulierter Brief ist für den italienischen Geschäftspartner eine Beleidigung. Es wird sehr viel Wert auf eine für die Deutschen übertrieben scheinende höfliche Formulierung gelegt. So sollte in der Anrede zum Beispiel bei offiziellen Anschreiben ein Titel wie *avvocato, professore* oder *dottore* verwendet werden, selbst wenn dieser nicht durch Promotion erworben wurde. Was diesbezüglich in Italien zählt, ist die gesellschaftliche Rangfolge und nicht der Studienabschluß. Als *dottore (dottoressa)* wird in Italien jeder bezeichnet, der einen Hochschulabschluß nachweisen kann; als *professore (professoressa)* jeder, der jemals in irgendeiner Form unterrichtet hat. Mit Ordenstiteln wie *commendatore* oder *cavaliere* sollten auf Verdacht alle Abteilungsleiter Ministerien, sowie alle großen Industriellen und Bankiers belegt werden. Da die italienische Sprache im Grunde eine für das ganze Land künstlich geschaffene Sprache ist, die ihren Ursprung in der Literatur hat,[103] sind die Formulierungen selbst im Geschäftsverkehr z.T. recht blumig. So kann ein Geschäftsbrief zum Beispiel anstatt mit „bezugnehmend auf" mit „ich erlaube mir, Ihre werte Aufmerksamkeit auf ... zu lenken".[104] beginnen.

Da der Erfolg geschäftlicher Tätigkeiten besonders vom persönlichen Eindruck und der Redegewandtheit des deutschen Unternehmers abhängt, spielt die Sprache folglich ei-

---

[102] Vgl. BfAI (Hrsg.) (1994), Verkaufen, S. 11.

[103] Früher wurde in jeder Region lediglich der jeweilige Dialekt gesprochen. Erst im 16. Jh. wurde die vom florentinischen Dichter Dante Alighieri (1265-1321) erstmals in der Literatur benutzte Idealvorstellung der italienischen Sprache zur Nationalsprache ernannt.

[104] Vgl. BfAI (Hrsg.) (1994), Verkaufen, S. 34 f..

ne bedeutende Rolle.[105] Produkt- und Partnersuche sowie die Eröffnung neuer Märkte sind nur möglich mit entsprechenden Sprach-, Mentalitäts- und Umfeldkenntnissen. So müssen zum Beispiel auch Titel und Berufsbezeichnungen qualifiziert werden, um den Ausbildungsstand mit deutschen Verhältnissen vergleichbar zu machen (vgl. vorherigen Abschnitt). Zusammenarbeit auf Kooperationsbasis erfordert demnach eine gute Vorbereitung, da bei Kommunikationsproblemen oft keine vertrauensvolle Basis geschaffen werden kann.[106] Es kann von äußerster Wichtigkeit sein, bis in das kleinste Detail zu erfassen und weitergeben zu können, was der Geschäftspartner vermitteln möchte, da sonst der Informationsfluß im Unternehmen nicht mehr gewährleistet ist und Mißverständnisse im Umgang mit dem Geschäftspartner auftreten können.[107]

In Anbetracht dieser Tatsache sollte der deutsche Unternehmer entweder selber über ausreichende Sprachkenntnisse verfügen, oder zumindest genügend zuverlässige Mitarbeiter beschäftigen, die der italienischen Sprache mächtig sind. Zwar wird in den meisten größeren Unternehmen Italiens mittlerweile auch Englisch gesprochen und in Norditalien (ganz besonders in Südtirol) z.T. auch Deutsch, aber meist reichen diese Kenntnisse nicht aus, komplexe unternehmens- oder produktbezogene Informationen zu vermitteln. In ganz komplizierten Fällen, um zum Beispiel technische Daten eines Produktes zu erläutern, ist es sinnvoll, einen Spezialisten einzusetzen, der beider Sprachen mächtig ist. Wichtig ist es daher auch, Informationsmaterial, Prospekte u.ä. in italienischer Sprache zu drucken. Aufgrund der sprachlichen Barrieren konzentrieren sich viele deutsche Unternehmen auf den Norden des Landes, da südlich von Rom nicht zu erwarten ist, daß man dort der englischen, geschweige denn der deutschen Sprache mächtig ist.[108]

Diese Sprach- und Mentalitätsdifferenzen, die schwerfällige Bürokratie und die immer noch engen Verflechtungen zwischen Geschäft und Politik machen im Süden noch mehr als im Norden die Zusammenarbeit mit einem landeskundigen lokalen Partner notwendig. Dieser verfügt über die notwendigen Kenntnisse der Marktstruktur und der logistischen Anforderungen, und ist zudem noch in der Lage, Verhandlungen mit Kun-

---

[105] Vgl. BfAI (Hrsg.) (1996), Geschäftspartner, S. 7.
[106] Vgl. Martinuzzi, Livio (1997).
[107] Vgl. Haldenwang, Holger (1997).
[108] Vgl. de Zotti, Giovanni (1997).

den auf Italienisch zu führen sowie dem Kunden die notwendige Zeit zu widmen.[109] Da der Wahl des richtigen Handelsvertreters dementsprechend eine große Bedeutung zukommt, wird im folgenden Abschnitt näher darauf eingegangen.

2.3.2. Handelsvertretersuche

Da die grundlegenden Voraussetzungen für die Marktbearbeitung stark von den deutschen Verhältnissen abweichen, ist der Erfolg zum großen Teil abhängig von der Wahl des Handelsvertreters. Ausländische Firmen ohne Marktkenntnisse sollten italienische Firmen nicht ohne Vermittler direkt vor Ort ansprechen.[110]

Da Italien in wirtschaftlicher Hinsicht in vier Gebiete aufzuteilen ist (Nordosten, Nordwesten, Mittelitalien und der Süden mit den Inseln), ist ein einzelner Handelsvertreter für das ganze Land wie bereits erwähnt nicht ausreichend.

Bei der Suche nach einem entsprechenden Handelsvertreter können unterschiedliche Möglichkeiten genutzt werden. Den meisten Erfolg verspricht eine Anfrage bei der DIHK in Mailand, die bei der Vermittlung und Beratung sehr ausführlich und intensiv behilflich ist. Nach Absprache mit dem deutschen Unternehmen bezüglich der Anforderungen und Vorstellungen werden die notwendigen Maßnahmen zur Kontaktaufnahme von der DIHK in die Wege geleitet. Diese Dienstleistungen reichen von der Schaltung von Annoncen über direkte Ansprache bis hin zur Vermittlung von Kontaktgesprächen. Die Vorteile liegen darin, daß dem deutschen Unternehmer, der sich im italienischen Markt noch nicht zurechtfindet, eine langwierige und komplizierte Suche erspart bleibt und er sich direkt mit den in Frage kommenden Kandidaten in Verbindung setzen kann.[111]

Eine weitere gute Möglichkeit stellt der Besuch oder die Beteiligung an einer der vielen Fachmessen dar. Diese haben in Italien wie bereits erwähnt einen äußerst hohen Stellenwert, besonders aufgrund ihrer Möglichkeit zur persönlichen Kontaktaufnahme. Die Messe bietet dem deutschen Unternehmer die Chance, sich von der Fachkompe-

---

[109] Vgl. CMA (Hrsg.) (1995), Lebensmittelhandel, S. IV,8.
[110] BfAI (Hrsg.) (1996), Geschäftspartner, S. 63.
[111] Vgl. BfAI (Hrsg.) (1995), Handelsvertretersuche, S. 10.

tenz eines in Frage kommenden Vertreters zu überzeugen und sich ein persönliches Bild von ihm zu machen.[112]

Desweiteren hat der deutsche Unternehmer die Möglichkeit, Annoncen in den einschlägigen Fachzeitschriften zu publizieren. Diese Branchenzeitschriften, die meist monatlich erscheinen, sind in Italien weit verbreitet und werden nur zum kleinen Teil (13 %) über den offiziellen Verkauf angeboten. Einen Überblick über die Vielzahl dieser Monatsblätter kann man sich auf den jeweiligen Fachmessen verschaffen. Besonders im Medizin-, Informatik- und Nahrungsmittelbereich[113] wird diese Möglichkeit der Publikation erschöpfend genutzt. Zusätzlich kann auch im Mitteilungsblatt des Sozial- und Rentenversicherungsverbandes für Handelsvertreter E.N.A.S.A.R.C.O. oder in der Monatszeitschrift „L`Agente di Commercio" annonciert werden.[114]

Zur direkten ersten Kontaktaufnahme ist ein Telefonat einer schriftlichen Anfrage aus den bereits in Abschnitt 2.3.1 genannten Gründen vorzuziehen.

Meist bietet sich eine große Anzahl von auf Provisionen erpichten Handelsvertretern zur Auswahl, die alle davon überzeugt sind, den italienischen Markt genauestens zu kennen. Es ist daher notwendig, sich einen gründlichen Eindruck über ihre Fachkompetenz zu verschaffen. Von größter Bedeutung ist dabei die Anzahl der persönlichen Kontakte und die Frage, ob der Vertreter bei den Kunden gut eingeführt ist. Ist die Entscheidung zugunsten eines der Kandidaten gefallen, sollte jedoch nicht direkt eine feste Bindung eingegangen, sondern zunächst eine Probezeit von einem halben bis zu einem Jahr vereinbart werden, um das Risiko einer Fehlentscheidung möglichst klein zu halten.[115] Dem Vertreter sollte nun ausreichendes Informationsmaterial in italienischer Sprache zukommen. Es empfiehlt sich, die Übersetzung von Prospekten, Katalogen u.ä. in Italien vornehmen zu lassen, da bei in Deutschland übersetzten Texten oftmals Mißverständnisse aufgrund mangelhafter Übersetzungen vorkommen. Texte, die sich auf spezielle technische Daten von Industrieprodukten beziehen, können dem Vertreter jedoch auch in englischer Sprache zur Verfügung gestellt werden.[116]

---

[112] Vgl. BfAI (Hrsg.) (1996), Geschäftspartner, S. 63.
[113] In diesem Bereich ist die Zeitschrift „Largo Consumo" besonders empfehlenswert, da sie sehr auflagenstark ist.
[114] Vgl. BfAI (Hrsg.) (1995), Handelsvertretersuche, S. 11 ff..
[115] Vgl. BfAI (Hrsg.) (1996), Geschäftspartner, S. 63.
[116] Vgl. CMA (Hrsg.) (1995), Lebensmittelhandel, S. IV,8.

49

Die Höhe der Vertreterprovision ist abhängig vom Produkt. Grundsätzlich liegt sie jedoch leicht über den deutschen Durchschnittssätzen, da der italienische Vertreter aufgrund der Marktstruktur eine große Anzahl von kleinen und mittleren Betrieben zu be-
treuen hat. Da zu der persönlichen Betreuung italienischer Kunden u.a. auch gehört,
daß man mit dem Kunden Geschäftliches beim Essen bespricht (vgl. dazu Abschnitt
2.4), hat der Handelsvertreter in Italien einen höheren Zeitaufwand einzukalkulieren
als beispielsweise in Deutschland.[117]

Prinzipiell muß man sagen, daß ein Vertreter meist versucht, schnell und viel zu verdienen, so daß sich oft ein kurzfristiger Erfolg einstellt, der jedoch vom Produkt unabhängig ist. Langfristig müßte sich das Unternehmen daher von dem Vertreter trennen,
und versuchen, vertrauensvolle Mitarbeiter und/oder Kooperationen zu finden, um so
das Produkt auf lange Sicht im italienischen Markt zu etablieren.[118]

Auf die rechtlichen Aspekte der Zusammenarbeit mit einem Handelsvertreter wurde in
diesem Abschnitt nicht eingegangen, da diese in Abschnitt 4.4.6 im Zusammenhang
mit anderen Rechtsgrundlagen behandelt werden.

2.3.3. Verhandlungen

Kommt es nach erfolgreicher Kontaktanbahnung zu Geschäftsverhandlungen, so ist
zunächst ein Termin mit der zuständigen Person zu vereinbaren, was sich manchmal
durchaus als schwierig erweisen kann. Jedoch sind diesbezügliche Schwierigkeiten in
anderen bedeutenden südeuropäischen Ländern erheblich größer, da der italienische
Markt trotz der Vielzahl an Handelsunternehmen und Entscheidungsstellen einigermaßen überschaubar und nicht allzu überlaufen ist.[119]

Bezüglich der Geschäftsverhandlungen ist der italienische Gesprächspartner ein guter
und ausdauernder Taktiker, was vor allem auf die Vertreter kleinerer Unternehmen
zutrifft, da diese von jeher auf sich selbst und ihre Familien gestellt sind. Der italienische Unternehmer ist meist sehr gut informiert und auf das Gespräch mit dem Geschäftspartner vorbereitet. Eine gute Menschenkenntnis und rasche Beobachtungsgabe,

---

[117] Vgl. BfAI (Hrsg.) (1996), Geschäftspartner, S. 49.
[118] Vgl. Martinuzzi, Livio (1997).
[119] Vgl. CMA (Hrsg.) (1995), Lebensmittelhandel, S. IV,5.

die den meisten Italienern zu eigen sind, machen ihn zu einem aufmerksamen Gesprächspartner. Er weiß normalerweise genau, worauf es ankommt, auch wenn er bei den Verhandlungen gern um den Kern der Sache herum redet. Geschäfte machen und Handeln wird in Italien gewissermaßen als Sport betrachtet, so daß es gänzlich falsch wäre, zum Beispiel um Preise nicht zu diskutieren. Ein sofortiges Eingehen auf die Forderungen des anderen hat eher zur Folge, daß der Geschäftspartner nicht ernst genommen oder sogar mit einer gewissen Herablassung angesehen wird.[120] Dem deutschen Unternehmer obliegt es demnach, gut vorbereitet und äußerst flexibel in die Verhandlung zu gehen. Grundsätzlich gilt, daß in Italien der rationelle, direkte und technische Verhandlungsstil, der für Deutschland sinnvoll und typisch ist, nicht gern gesehen wird. Gefühle sollten demnach nicht nur in privaten, sondern auch in geschäftlichen Gesprächen und Zusammentreffen offen gezeigt werden. Drohungen werden bei Verhandlungen entschieden abgelehnt. Hier helfen vielmehr Diplomatie, Einfallsreichtum, Witz und Kreativität bei der Erreichung von Verhandlungszielen.[121]

Ein äußerst bedenklicher Punkt bei Gesprächen ist die Äußerung von Kritik. Da ein gutes Verhältnis und ein hohes Maß an Toleranz einen hohen Stellenwert haben, kann eine persönliche Kritik am Gesprächspartner zu einem offenen Zerwürfnis führen. Möchte man jemanden kritisieren, so darf dies niemals sachlich und offen vonstatten gehen. Statt dessen sollte der Gesprächspartner zunächst ausführlich für seine Arbeit gelobt werden. Daraufhin sollte das Thema ganz allgemein behandelt und ein wenig ins scherzhafte gezogen werden, um so die Kritik vorsichtig zu vermitteln. Der andere wird auf die gleiche Weise parieren, so daß nach außen kein Eindruck einer Meinungsverschiedenheit entstehen wird. Für Italiener ist es wichtig, daß bei Interessen- oder Meinungsverschiedenheiten keine der beiden Parteien ihr Gesicht verliert. Da Italiener schnell gekränkt sind, hilft dieses komplizierte und äußerst diplomatische Gesprächssystem jedem, seine *bella figura* zu bewahren.[122]

In der Regel ist der italienische Geschäftspartner diplomatischer und gesprächsbereiter, als man es von deutschen Verhandlungspartnern gewöhnt ist. Zwar finden Geschäftsgespräche auch hier unter einem gewissen Druck statt; dieser macht sich jedoch

---

[120] Vgl. BfAI (Hrsg.) (1994), Verkaufen, S. 36.
[121] Vgl. BfAI (Hrsg.) (1996), Geschäftspartner, S. 7.
[122] Vgl. Kienlechner, Sabina (1996/97), S. 68 f..

nicht so stark bemerkbar. Allerdings kann der Eindruck entstehen, daß der italienische Partner direkt eine feste Verbindlichkeit einginge, was jedoch eher selten der Fall ist. Er tut zwar vieles, dafür aber oft nur oberflächlich. Es entsteht schnell eine gewisse Art von Vertrautheit, die jedoch nicht langlebig sein muß. Aus diesem Grunde müssen Verbindungen aufrecht erhalten und gepflegt werden, da der Italiener sonst unter Umständen zu einem italienischen Konkurrenten überwechselt. Generell muß man damit rechnen, daß der italienische Partner ab einem bestimmten Zeitpunkt anfängt, darüber nachzudenken, wie er alleine fortführen kann, was er mit dem deutschen Partner begonnen hat. Auch wenn diesbezüglich die Gefahr besteht, sich einen Konkurrenten zu schaffen, sollte man sich dennoch auf eine Kooperation einlassen.

Der italienische Partner erkennt meist an, daß das deutsche Unternehmen bezüglich Organisation und Technologie besser ist. Läßt man den Partner an der Weiterentwicklung und besonders dem Design des Produktes teilhaben, so ergänzen sich die beiden Unternehmen hervorragend, vorausgesetzt die Kommunikation zwischen beiden funktioniert. Bleibt der ständige Kontakt miteinander bestehen und gibt man dabei dem italienischen Geschäftspartner das Gefühl von Wichtigkeit, so ist mit einer guten Zusammenarbeit ohne Eifersucht zu rechnen.[123]

Um in Italien erfolgreich tätig zu werden, muß der italienische Markt genauso intensiv bearbeitet werden, wie das Unternehmen in Deutschland vorgehen würde. Als Ausländer in einem fremden Markt darf man dabei jedoch nichts unterlassen, und muß jedes Geschäft von neuem überprüfen, auch wenn dies einen hohen Arbeitsaufwand mit sich bringt.[124]

Für Exporteure, die zum ersten Mal nach Italien liefern, empfiehlt es sich, sich äußerst gründlich vorzubereiten, genaue Handelseinkünfte einzuholen und das Exportgeschäft juristisch abzusichern, um die Risiken möglichst gering zu halten.[125]

---

[123] Vgl. Schulte, Ernst (1997).
[124] Vgl. ebenda.
[125] Vgl. BfAI (Hrsg.) (1994), Verkaufen, S. 15.

2.4. Persönlicher Kontakt und Verhalten

Wie bereits mehrfach erwähnt sind ausgiebige persönliche Kontakte in Italien von äußerster Wichtigkeit. Sie sind oftmals die Grundlage für Geschäfte und insbesondere für langfristige Geschäftsbeziehungen. Um diese entsprechend pflegen und die Tagesgeschäfte problemlos erledigen zu können, ist die Kenntnis der italienischen Sprache unabdingbar, zumal prinzipiell lieber gesehen wird, wenn der Partner die Sprache des Landes beherrscht, in dem er tätig ist.[126] Je mehr man mit dem Geschäftspartner kommuniziert, desto leichter fällt auch die Verständigung u.a. mit Hilfe der Körpersprache, da sich mit der Zeit ein Gefühl für den anderen entwickelt. Die italienische Gebärdensprache ist dabei aufgrund ihrer Reichhaltigkeit sehr hilfreich, auch wenn sie für Deutsche manchmal mißverständlich sein kann. So drückt zum Beispiel ein Neapolitaner ein „Nein" aus, indem er den Kopf nach hinten wirft und mit der Zunge schnalzt. Die meisten Gesten dienen jedoch der Unterstützung des gesprochenen Wortes. Ist man mit ihnen vertraut, können sie dieses sogar unter Umständen ersetzen.[127]

Geschäftskontakte werden in Italien meist bei *pranzo* oder *cena* (Mittag- oder Abendessen) vertieft, da Essen in Italien generell einen hohen Stellenwert hat. Dementsprechend nehmen sich Italiener auch ausgesprochen viel Zeit für die Mahlzeiten. Da Geschäftsverhandlungen gleichfalls gerne beim Essen geführt werden, dauern sie entsprechend lange. In Norditalien muß man eineinhalb bis zwei Stunden veranschlagen, im Süden kann diese Zeitspanne sehr wohl noch überschritten werden. Zu beachten ist außerdem, daß der Zeitpunkt des Abendessens im Norden noch nach mitteleuropäischen Maßstäben gesetzt wird, im Süden jedoch nicht vor 21 Uhr zu Abend gegessen wird.[128] Zu Mittag wird im allgemeinen zwischen 13 und 15 Uhr gegessen.

Da die Italiener überzeugt sind, daß man nirgendwo so gut ißt wie in Italien, sollte man mit dem Lob der einzelnen Gerichte nicht sparsam umgehen. Entsprechend der großen Bedeutung der Mahlzeiten wird auch der deutsche Partner u.a. nach seinen gastronomischen Kenntnissen beurteilt. Es empfiehlt sich daher, sich zumindest ein Grundwissen über die regionalen Spezialitäten und Weine anzueignen. Weiß man nichts oder nur wenig darüber, sollte man sich interessiert vom Gesprächspartner oder vom Wirt

---

[126] Vgl. Schulte, Ernst (1997).
[127] Vgl. Kienlechner, Sabina (1996/97), S. 59.
[128] Vgl. BfAI (Hrsg.) (1994), Verkaufen, S. 31 f.

belehren lassen und nach Möglichkeit das Angebotene probieren. Der Gastgeber wird dies auf jeden Fall positiv vermerken.[129]

Gewisse Aspekte der italienischen Eßkultur sind jedoch besonders zu beachten. So wird zum Beispiel in einem italienischen Restaurant i.d.R. kein einzelner Gang serviert, sondern mindestens zwei oder drei. Die Speisen werden dabei nicht wie in Deutschland auf einem Teller gereicht, sondern jeweils getrennt serviert. Das Dessert wird von den Italienern selbst häufig ausgelassen. Was jedoch niemals fehlen darf, ist der Espresso, der in Italien *caffè* heißt[130], und gegebenenfalls ein Grappa als Abschluß der Mahlzeit. Der auch in Deutschland beliebte Cappuccino wird dagegen i.d.R. nur vormittags getrunken und niemals nach dem Essen. Das Frühstück fällt in Italien ganz weg. Auf dem Weg zur Arbeit halten die Italiener lediglich kurz in einer Frühstücksbar an, um einen Cappuccino zu trinken und ein *cornetto* (Hörnchen) zu essen. Was das Trinken betrifft, gibt es keine besonderen Regeln. Jeder trinkt, wann es ihm gefällt. Zugeprostet wird nur bei besonderen Anlässen.
Wein wird in Italien nur zum Essen gereicht, wogegen Bier mittlerweile zu jeder Tageszeit getrunken wird. Lediglich in intellektuellen Kreisen wird auch nach dem Essen noch eine Flasche Wein an einem geselligen Abend geöffnet.[131]

Pro Gedeck wird im Restaurant ein Fixpreis berechnet, der bei der Rechnung zum eigentlichen Preis der Speisen hinzugerechnet wird. Dafür ist das Trinkgeld von 10 % meist schon in der Rechnung inbegriffen. Nach einem gemeinsamen Essen ist es in Italien absolut unüblich, getrennt (*alla romana*) zu zahlen. Speisen Italiener mit Ausländern zusammen, werden sie i.d.R. die Rechnung übernehmen wollen, da der Geschäftspartner Gast in ihrem Land ist. Wer dieser Geste zuvorkommen will, darf nicht warten, bis der Kellner zum kassieren an den Tisch kommt, sondern muß sich, während die anderen noch beim Kaffee sitzen, unauffällig erheben und die Rechnung an der Kasse begleichen. Andernfalls wird sein italienischer Geschäftspartner eine Ehrensache daraus machen und dem ausländischen Gast bleibt nur die Möglichkeit einer Gegeneinladung als Revanche.[132]

---

[129] Vgl. BfAI (Hrsg.) (1994), Verkaufen, S. 31 f.
[130] Was in Deutschland unter Kaffee verstanden wird, wird in Italien als *caffè lungo* bezeichnet.
[131] Vgl. Kienlechner, Sabina (1996/97), S. 37.
[132] Vgl. ebenda, S. 48.

Jegliche Rechnungen oder Quittungen, sowohl von Restaurants und Bars, als auch von Geschäften, Zeitungskiosken u.ä., müssen unbedingt mitgenommen und aufbewahrt werden. Sie kann im Umkreis von 100 Metern von der *Guardia di Finanza*, der italienischen Finanzpolizei, kontrolliert werden. Solche Kontrollen finden vor allem in Süditalien häufiger statt, und dienen der Bekämpfung der Steuerhinterziehung seitens der Gastwirte. Kann man keine Quittung vorweisen, werden unangenehme Geldstrafen für den Wirt, aber auch für den Gast erhoben.[133]

Auch wenn solche Geschäftsessen häufig bis in die Nacht dauern können, wird vom deutschen Partner erwartet, daß er am nächsten Morgen wieder frisch und munter zur Verhandlung erscheint. Ein gewisses „Stehvermögen" des deutschen Unternehmers ist daher Voraussetzung, zumal solche Essen recht häufig sind und selbst auf die meisten Pressekonferenzen folgen. Sollten Verhandlungen mit einem wichtigen Partner in Mailand stattfinden, so bietet sich an, diesen vor dem Essen in die *Scala*, das bekannteste Opernhaus Italiens, einzuladen.[134]

Eine private Einladung in das Haus oder die Wohnung des Geschäftspartners kann durchaus als Ehre angesehen werden, da in Italien der intime Wohnbereich einer Person oder Familie heilig ist. Jeder Italiener wird daher trotz ausdrücklicher Einladung an der Schwelle einer Privatwohnung stets höflich fragen: *„Permesso?"* („Ist es gestattet?").

Die Auszeichnung durch eine Einladung sollte daher durch ein Gastgeschenk honoriert werden. Dabei ist zu beachten, daß in Italien Geschenke ein Statussymbol des Schenkenden darstellen. Das bedeutet, daß auf die Qualität ebenso geachtet werden muß, wie auf die Verpackung, welche die aufgeklebte Visitenkarte eines bekannten Fachgeschäftes tragen sollte. Als Geschenke sind Kristallschalen, Silbergefäße, antiquarische Kupferstiche, teure Bildbände oder Orientteppiche üblich. Werden Blumen verschenkt, so sollte es sich dabei um langstielige Rosen, Orchideen, hochgezüchtete Lilien oder komplizierte exotische Gewächse handeln; bunte Sträuße werden weniger geschätzt. Blumen müssen unbedingt in der nur oben durchsichtigen Folienverpackung überreicht werden, damit man sieht, daß sie aus einem Fachgeschäft stammen. Sie werden daher

---

[133] Vgl. BfAI (Hrsg.) (1994), Verkaufen, S. 32.

auch vom Gastgeber nicht direkt ausgepackt, sondern zunächst in ihrer Verpackung auf den Empfangstisch gelegt. Bei einer Einladung bei Freunden sind *dolci* (süße Gebäckstückchen) aus einer Patisserie gerngesehene Mitbringsel. Da das Verhältnis der Italiener zu Geschenken eher steif und konservativ ist, sollte man sich möglichst nach diesen Erwartungen richten.[135]

Ein weiteres Kriterium, nach dem der Italiener seinen Gegenüber beurteilt, ist die Kleidung. Es ist in Italien von großer Wichtigkeit, *bella figura* zu machen. Dazu gehört neben dem Benehmen insbesondere auch die Kleidung. Italiener legen sehr großen Wert auf ein gepflegtes modisches Äußeres. Sie sind daher auch bereit, für eine *bella figura* tief in die Tasche zu greifen[136]. Dabei sind kleine Details oft von größter Bedeutung. So ist es nicht unbedingt notwendig, zu jeder Gelegenheit eine Krawatte zu tragen, unpassende Schuhe zu einem Anzug können dagegen sofort unangenehm auffallen. Grundsätzlich gilt, daß man besser zu gut als zu einfach angezogen sein sollte.[137]

Auch wenn in Italien das Händeschütteln weniger verbreitet ist als in Deutschland, so ist bei der Vorstellung doch ein kurzer Händedruck üblich. Sieht man sich häufiger (zum Beispiel im Büro), genügt i.d.R. ein freundliches *Buon giorno!* oder - etwas familiärer - *Ciao!*. Zum Abschied wird neben den üblichen Grüßen (*Arrivederci!, Ciao!* oder formell *ArrivederLa!*) höchstens noch freundlich auf die Schulter geklopft; ein Händedruck entfällt hier meist ganz. Unter Freunden, Verwandten oder besseren Bekannten ist es dagegen üblich, sich mit Küssen, und zwar erst rechts, dann links auf die Wange, zu begrüßen oder zu verabschieden.[138]

Der erste Eindruck und die Gesprächsatmosphäre können entscheidend für den Gesprächsablauf und künftige Vereinbarungen sein. Zu beachten ist jedoch, daß der deutsche Gesprächspartner oft zu schnell und zu hart zum Geschäft kommt, ohne sich die Zeit für ein persönliches Gespräch zu nehmen. Italiener entscheiden häufig emotional und stehen daher konventionell geführten Gesprächen über rein geschäftliche Dinge

---

[134] Vgl. BfAI (Hrsg.) (1994), Verkaufen, S. 33.
[135] Vgl. Kienlechner, Sabina (1996/97), S. 31 und S. 53.
[136] Vgl. Kness-Bastaroli, Thesy (2000).
[137] Vgl. ebenda, S. 35.

eher skeptisch gegenüber. Als Gesprächsthemen bieten sich vor allem kulturelle Aspekte wie zum Beispiel Kunst, Musik, Geschichte, Lebensart etc. an, wobei besonders regionale Besonderheiten hervorgehoben werden sollten, da jeder Italiener stolz auf seine jeweilige Region ist. Weitere Gesprächsthemen könnten aber auch moderne italienische Leistungen sein, wie zum Beispiel Industrie, Design, Architektur etc..

Da es sich bei den meisten italienischen Unternehmen um Familienbetriebe handelt, empfiehlt es sich auch, sich nach dem Befinden von Frau und Kindern des Geschäftspartners zu erkundigen. Kinderliebe gilt als eine der größten Tugenden der Italiener, die sich oft stundenlang über das Befinden ihrer Familie unterhalten können. Nach Möglichkeit sollten auch bezüglich der Familien private Kontakte aufgebaut werden, um das persönliche Verhältnis zu stärken. Während des Gesprächs sollten ruhig häufig Komplimente gemacht werden. Da Italiener einen leichten Hang zur Eitelkeit haben, werden ehrlich gemeinte Komplimente gerne angenommen. Genauso gern gesehen sind auch kleine Werbegeschenke und Geschenke für die Kinder des Geschäftspartners. Ist man der italienischen Sprache kundig, sollte man ab und zu ein lateinisches oder italienisches Zitat in die Unterhaltung einfließen lassen.[139]

Hat man es geschafft, dem italienischen Partner menschlich näher zu kommen, so ist dieser ein äußerst seriöser und zuverlässiger Partner, der unter Umständen auch schon mal zu seinem eigenen Nachteil nachgibt. Um den richtigen Weg zu finden eine langfristige persönliche Beziehung zum Geschäftspartner aufzubauen, ist sehr viel Sensibilität des Einzelnen erforderlich, da u.a. aufgrund des Nord-Süd- und Stadt-Provinz-Gefälles, das sich auch in der Geschäftstaktik bemerkbar machen kann, keine Verallgemeinerungen möglich sind.[140]

In manchen Fällen ist sicher auch ein gewisses Maß an Toleranz bezüglich einiger durch die Erziehung geprägten Ansichten erforderlich. So sind zum Beispiel viele Manager in Italien *cocco di mamma*, d.h. „Mamas Liebling".
Zudem sind noch viele Italiener in gewissem Umfang abergläubisch. Dies gilt nicht nur für die ländlichen Bereiche des italienischen Südens, sondern ist selbst in den Städten

---

[138] Vgl. Kienlechner, Sabina (1996/97), S. 20.
[139] Vgl. Martinuzzi, Livio (1997).
[140] Vgl. BfAI (Hrsg.) (1994), Verkaufen, S. 33.

des hochindustrialisierten Nordens nicht ungewöhnlich. So darf man zum Beispiel niemals einen Hut auf ein Bett legen, da dies die Bedeutung von Tod hat. Schwarze Katzen und die Zahl 17 bedeuten Unglück, ebenso wie Leichenwagen. Als Abwehrgeste wird dann ein Stück Eisen berührt oder die Faust mit abgespreiztem Zeige- und kleinem Finger geballt.[141]

Hilfreich ist es auf jeden Fall, wenn der deutsche Unternehmer eine gewisse Zeit in Italien lebt, um die Besonderheiten, Sitten und Gebräuche kennenzulernen und zu verstehen. Zusätzlich eignet er sich so nicht nur die italienische Schrift-, sondern auch Umgangssprache an, was die Kommunikation und Konversation mit dem Geschäftspartner wesentlich erleichtern kann.[142]

2.5. Praktische Ratschläge für Geschäftsreisende

Bei Geschäftsreisen in Italien muß in jedem Fall mehr Reisezeit eingeplant werden, als man den offiziellen Zeitplänen der einzelnen Verkehrsmittel entnehmen kann. Die dort angegebenen Zeiten können wegen Streiks, Pannen und anders begründeter Verzögerungen nur als Richtwerte betrachtet werden. Die italienischen Flughäfen sind zudem für ihre langsame Gepäckabfertigung bekannt, so daß man nach Möglichkeit nur mit Handgepäck reisen sollte. Will der Geschäftsreisende den italienischen Zugverkehr in Anspruch nehmen, empfiehlt es sich, bereits frühzeitig am Bahnhof den Fahrschein zu kaufen, da ansonsten mit langen Wartezeiten am Schalter zu rechnen ist. Die Fahrkarte muß vor dem Einsteigen in einem der dafür vorgesehenen Automaten am Bahnsteig entwertet werden. Wird man ohne, oder mit nicht entwerteter Fahrkarte vom Schaffner kontrolliert, ist mit einer recht hohen Geldstrafe zu rechnen.

Bei Fahrten mit dem Taxi ist darauf zu achten, daß es sich tatsächlich um ein offiziell zugelassenes Fahrzeug handelt. Diese sind an den üblichen Farben weiß und gelb sowie der angebrachten Aufschrift zu erkennen. Oft versuchen vor allem im Süden private Fahrer an den ausländischen Reisenden zu verdienen. Wichtig ist daher auch, sich davon zu überzeugen, daß das Taxi über einen Taxameter verfügt. Sollte dies nicht der Fall sein, sollte mit dem Fahrer vor Antritt der Fahrt ein Festpreis vereinbart werden.

---

[141] Vgl. Kienlechner, Sabina (1996/97), S. 9.
[142] Vgl. Martinuzzi, Livio (1997).

Häufig wird seitens der Fahrer auch versucht, durch Umwege einen höheren Fahrpreis zu erzielen, was für Reisende, die zum ersten Mal am entsprechenden Ort sind, nur schlecht zu überprüfen ist. Sollte der Fahrgast bereits ortskundig sein, empfiehlt es sich, auf die Fahrtstrecke zu achten und den Fahrer gegebenenfalls auf eventuelle Umwege aufmerksam zu machen.

Werden in die Geschäftsreise auch kleinere Städte einbezogen, die mit öffentlichen Verkehrsmitteln schlecht erreichbar sind, ist es sinnvoll, entweder mit dem eigenen Wagen oder mit einem Leihwagen zu fahren. Diesbezüglich ist zu beachten, daß in Italien für die Benutzung der Autobahnen Gebühren erhoben werden. Diese Gebühren werden i.d.R. an den Mautstellen der Autobahnen direkt bar kassiert.

Eine schnellere Abwicklung kann jedoch durch die Viacard erreicht werden, bei der der Betrag wie bei einer Telefonkarte abgebucht wird. Sie ist in Italien an bestimmten Autobahnausfahrten, bei Großbanken, beim italienischen Auto-Club oder beim deutschen ADAC erhältlich. Für Vielfahrer gibt es noch das sogenannte „Telepass"-System, bei dem ein Mikrocomputer im Fahrzeug eingebaut wird. Dieser wird bei passieren der Mautstelle aktiviert und der Betrag wird direkt vom Konto des Fahrzeughalters abgebucht.

Die Nachteile von Fahrten mit dem eigenen Pkw liegen zum einen in den im Vergleich zu Deutschland höheren Benzinkosten und den Autobahngebühren, zum anderen aber auch in der Gefahr von Diebstählen. Kleinere Diebstähle lassen sich verhindern, indem man keine Gegenstände, Autoradios, Papiere oder Schlüssel im Wagen läßt. Um dem Diebstahl des Pkws entgegen zu wirken, sollte man möglichst eine Unterkunft mit eigener Garage wählen und ansonsten den Wagen nur auf bewachten Parkplätzen oder in der Nähe von Polizeistationen abstellen. Fahrzeugdiebstähle kommen in den Großstädten so häufig vor, daß die Polizei in Mailand und Rom bereits mehrsprachige Diebstahlformulare benutzt.[143]

Die günstigsten Reisezeiten für Geschäftsreisen sind Frühjahr und Herbst, d.h. von Mitte März bis Ende Juni und von Anfang September bis Mitte November.[144] Im Hochsommer, in der Zeit von Weihnachten bis zum sechsten Januar sowie in den Osterwochen, legen die meisten Unternehmen landesweit die Produktion nieder.

---

[143] Vgl. BfAI (Hrsg.) (1994), Verkaufen, S. 27 ff..

Bei Reisen während der Messezeiten müssen Hotelreservierungen in Mailand mindestens drei bis vier Monate vorher getätigt werden. Auch in Rom, Florenz und Bologna sind frühzeitige Reservierungen empfehlenswert.[145]

Beträgt die Aufenthaltsdauer mehr als drei Monate, so muß eine Aufenthaltsgenehmigung bei der *questura*, dem italienischen Einwohnermeldeamt, in der jeweiligen Regionalstadt beantragt werden.

Wer ein Dokument oder eine Genehmigung von einer Behörde benötigt, muß i.d.R. mindestens ein bis zwei Vormittage mit langen Wartezeiten einplanen. Zudem empfiehlt es sich, sich vorher genau zu überlegen, was man benötigt und wie man dies dem zuständigen Beamten erklärt, da man anderenfalls schnell abgeschoben wird. Italienische Beamte fühlen sich prinzipiell nicht für Informationen zuständig. Gleiches gilt auch für Postämter.[146]

Beschwerden gestalten sich generell ausgesprochen schwierig, wenn nicht gar unmöglich. Dabei ist es ohne Bedeutung, wo man sich beschwert (zum Beispiel Behörde, Geschäftsführung eines Betriebes, Hotel, Bank, etc.). Als Reaktion kann bestenfalls eine Notiz oder ein Klärungsversprechen erwartet werden, welches jedoch selten irgendwelche Konsequenzen nach sich zieht. Wird man energisch, muß man damit rechnen, lauthals beschimpft zu werden, wobei man dem italienischen Gegenüber im Regelfall unterlegen sein wird. Die einzige Möglichkeit, zumindest angehört zu werden, ist eine lange höfliche Konversation, in die man die Beschwerde einfließen läßt. Bei ernsthaften Schwierigkeiten sollte man jedoch besser das Konsulat einschalten, dessen Mitarbeiter gegebenenfalls mehr erreichen können.[147]

Die Ladenöffnungszeiten in Italien unterliegen einer nicht so strengen Regelung wie in Deutschland, und sind oft von Region zu Region unterschiedlich. Bürozeiten sind von 8.30 Uhr bis 13 Uhr und von 15 Uhr bis 18 oder 19 Uhr. Banken haben hauptsächlich vormittags von 8.30 Uhr bis 13.30 Uhr geöffnet. Sie sind am frühen Nachmittag lediglich eine Stunde (meist von 14.45 Uhr bis 15.45 Uhr) für den Publikumsverkehr geöff-

[144] Vgl. BfAI (Hrsg.) (1996), Geschäftspartner, S. 103 ff.
[145] Vgl. BfAI (Hrsg.) (1994), Verkaufen, S. 31 f.
[146] Vgl. Kienlechner, Sabina (1996/97), S. 22.
[147] Vgl. ebenda, S. 23.

net. Geschäfte haben meist in der Woche (Montags bis Samstags) von 8.30 Uhr bis abends um 19.30 Uhr geöffnet, wobei dies nur Annäherungswerte sind. Je nach Geschäft wird schon mal eher geöffnet, (Lebensmittelgeschäfte öffnen zum Beispiel oftmals schon um 7.00 Uhr.) oder auch später (bis ca. 21 Uhr) geschlossen. In Ausnahmefällen, wie zum Beispiel in touristischen Regionen oder in der Weihnachtszeit, sind die Geschäfte z.T. auch Sonntags geöffnet. Ämter und Behörden stehen der Öffentlichkeit von Montag bis Samstag lediglich in der Zeit von 8.00 Uhr bis 12.30 Uhr zur Verfügung.[148] Während Warenhäuser und größere Geschäfte zumindest im Norden Italiens i.d.R. durchgehend geöffnet sind, machen die kleineren traditionellen Geschäfte meist eine lange Mittagspause von 13.30 Uhr bis 16.30 Uhr, wobei dies wiederum von Geschäft zu Geschäft variiert. Zusätzlich haben diese Geschäfte meist am Montagnachmittag geschlossen.

Eine weitere Einkaufsmöglichkeit ist in Italien der weit verbreitete ambulante Handel. Einmal wöchentlich findet in jedem Dorf oder Stadtbezirk vormittags ein Markt statt, auf dem jedoch weniger Lebensmittel als Haushaltsartikel oder Bekleidung angeboten wird. Lebensmittelmärkte sind in den Großstädten regelmäßig vormittags meist in speziell dafür vorgesehenen Markthallen zu finden.[149]

Bezüglich der Zahlungsweise sollte man in Italien möglichst immer genügend Bargeld mit sich führen, da der bargeldlose Zahlungsverkehr besonders in Süditalien noch nicht sehr weit verbreitet ist. Kreditkarten werden jedoch in internationalen Hotels, Restaurants und Kaufhäusern i.d.R. anerkannt. Geldautomaten, sofern vorhanden und funktionstüchtig, werden oft für Kunden anderer Kreditinstitute von der Bank ab 22 Uhr gesperrt. Ansonsten kann mit der EC-Karte ein Betrag von bis zu 300.000 Lire täglich abgehoben werden.[150] Euroschecks werden mittlerweile von den italienischen Banken nicht mehr gegen Bargeld eingetauscht. Die Zahlung mit Euroschecks in größeren Geschäften ist jedoch z.T. möglich. Dabei gilt ebenfalls der Höchstbetrag von 300.000 Lire.

Es empfiehlt sich, für den Gebrauch von Elektrogeräten einen Zwischenstecker mitzuführen. Zwar beträgt die Stromspannung wie in Deutschland 220V Wechselstrom

---

[148] Vgl. o.V. (1994), *Doing Business in Italy*, Punkt 23.4.
[149] Vgl. CMA (Hrsg.) (1995), Lebensmittelhandel, S. III,13.
[150] Vgl. BfAI (Hrsg.) (1996), Geschäftspartner, S. 104.

(Nur in Ausnahmefällen trifft man auf 110V oder 125V.), es sind jedoch z.T. andere Steckdosen in Gebrauch.

Was das Mitführen von Mobiltelefonen betrifft, so ist dies grundsätzlich erlaubt. CB-Funkgeräte werden nur im Zusammenhang mit der Ausübung einer beruflichen Tätigkeit zugelassen, und dabei auch nur Geräte mit besonderer Kennzeichnung. Bei Mißachtung droht die Verplombung oder sogar der Einzug dieser Geräte durch die italienische Zollbehörde.[151]

---

[151] Vgl. BfAI (Hrsg.) (1996), Geschäftspartner, S. 105.

3. Zwischenfazit

Nach dem zwischenzeitlichen Rückgang der Exporte nach Italien, der durch die Abwertung der Lira und die dadurch entstandenen Preisunterschiede zustande kam, hat sich der Markt mittlerweile auf sein ehemaliges hohes Niveau eingependelt. Die Preisunterschiede haben sich durch den zwischenzeitlichen Beitritt Italiens und Deutschlands in die Europäische Währungsunion verringert und deutsche Exporteure haben weitgehend wieder die gleichen Möglichkeiten wie zuvor. Trotz allem bleibt das Italiengeschäft auch weiterhin mit gewissen Risiken verbunden, da noch immer mit großen Schwankungen zu rechnen ist. Aufgrund der politischen Instabilität kann von wirklicher Sicherheit im Exporthandel mit Italien wohl nicht gesprochen werden, obgleich die Bemühungen der Regierung Amato ein gewisses Maß an Regularität und Stabilität versprechen. Immerhin ist es der Regierung gelungen, bezüglich der Inflationsrate, des Wechselkurses und der Zinsen, den Anschluß an die anderen EU-Länder nicht zu verpassen und dem EWS trotz der hohen Staatsverschuldung beizutreten.

Aufgrund Italiens Stellung in der EU ist der italienische Markt offen und frei von Vorbehalten. Er bietet besonders deutschen Unternehmen trotz schwacher Inlandsnachfrage und geringem Wirtschaftswachstum in Italien gute Chancen, da Deutschland und Italien traditionell seit langer Zeit durch enge Handelsbeziehungen verbunden sind. Zudem bieten deutsche Produkte den hohen technologischen Standard, der von den italienischen Abnehmern zunehmend gefordert wird.

Die Konstruktion des Marktes ähnelt im großen und ganzen der des deutschen Marktes. Der Markt ist jedoch offener, wenn er auch im Vergleich zu deutschen Verhältnissen etwas chaotischer erscheint. Aufgrund der außergewöhnlichen Vielzahl von kleinen und mittleren Unternehmen, bei denen es sich meist um Familienbetriebe handelt, sowie der starken regionalen Unterschiede besonders zwischen Nord- und Süditalien ist ein gezieltes Herangehen an den italienischen Markt unerläßlich, wozu i.d.R. die Hilfe eines Handelsvertreters in Anspruch genommen werden sollte, da dieser über das notwendige Fachwissen und die notwendigen persönlichen Kontakte verfügt.

Gründliche Vorbereitung und Planung sind bei Geschäften mit italienischen Unternehmen unbedingt erforderlich. Dabei sollten sich diese Vorbereitungen nicht nur auf geschäftliche Sachverhalte richten, sondern vielmehr auf Sitten, Gebräuche und Kultur des Landes sowie auf Mentalität und Umgangsformen seiner Bewohner. Andernfalls riskiert man, wenn nicht ein Scheitern der Geschäftsbeziehung, so doch erhebliche Schwierigkeiten im Umgang mit seinen italienischen Geschäftspartnern. Eine sorgfältige Information über Land und Leute kann dagegen äußerst hilfreich sein und zu einer guten Zusammenarbeit beitragen. So sollte man zum Beispiel wissen, wie man sich beim Abendessen, bei dem üblicherweise Geschäftsverhandlungen geführt werden, zu kleiden und zu verhalten hat, oder daß bei Verhandlungen ruhig gefeilscht werden sollte.

Der Markteintritt im Ausland kann unter Umständen recht schwierig sein, sofern man mit den Regeln und Gebräuchen des fremden Marktes noch nicht vertraut ist. Es sind daher immer Ansprechpartner vonnöten, die einem u.a. bei den gesetzlichen Bestimmungen aber auch bei marktbezogenen Informationen behilflich sind, wie zum Beispiel Rechtsanwälte, Steuerberater oder Unternehmensberater. Diese Inanspruchnahme von Dienstleistungen ist jedoch immer teuer, weswegen sich ein Unternehmen bemühen sollte, sofern es vorhat, den italienischen Markt langfristig zu bearbeiten, Kooperationen zu schließen und vertrauenswürdiges Personal zu finden, das sich im entsprechenden Markt gut auskennt. Die Basis solcher Kooperationen müssen Kennenlernen und Vertrauen sein, was nur durch persönliche Beziehungen tatsächlich erreicht werden kann. Ist der Kontakt einmal hergestellt und werden die Beziehungen gepflegt, fehlt es nur noch an einem geeigneten Produkt zu einem angemessenen Preis, um eine langfristige produktive Zusammenarbeit zu gewährleisten. Voraussetzung ist jedoch auch, daß man den italienischen Partner und seine Kultur kennenlernt und respektiert, da dieser äußerst stolz auf sein Land bzw. seine Region ist. Man sollte sich in Umgangsformen und Verhalten nach den Erwartungen des Landes richten, in dem man tätig ist. Die Kenntnis der italienischen Sprache kann dabei nur von Vorteil sein.

Wird man als deutscher Unternehmer in Italien tätig, muß man sicherlich mit Hindernissen und Schwierigkeiten rechnen, die man aus Deutschland nicht gewöhnt ist. Dies kann einerseits die z.T. mangelhafte Infrastruktur sein, die u.a. dazu führen kann, daß Transporte oder Postsendungen verspätet an ihr Ziel gelangen, andererseits aber auch die komplizierte und undurchschaubare Gesetzgebung, die dementsprechend oft durch sinnvollere inoffizielle Regelungen ersetzt wird. Grundvoraussetzungen für einen Handel mit Italien sind demnach Geduld, Improvisationsvermögen, Sensibilität und vor allem Flexibilität.

Um dem deutschen Exporteur das Italiengeschäft zu erleichtern existiert eine Vielzahl von unterschiedlichen Institutionen, zu denen neben Wirtschaftsförderungen, Unternehmensberatungen, Fachverbänden und Banken auch die DIHK in Mailand zählt. Sie bietet neben ihrer vielseitigen Beratungstätigkeit auch die Möglichkeiten und Vorteile einer Zusammenarbeit mit dem italienischen Kammersystem. Die DIHK erfüllt als Mittler zwischen dem deutschen und dem italienischen Markt eine wichtige Brückenfunktion, da sie durch ihre Verwurzelung in beiden Sprachen und Mentalitäten in jeder Hinsicht bilateral ist. Die Anschrift der DIHK ist neben anderen Kontaktadressen und Informationsmöglichkeiten in Kapitel 9 zu finden. In Anhang 3 befindet sich zusätzlich ein differenzierter Überblick über die Leistungen, die von der DIHK angeboten werden.

Nach diesem Überblick über den Wirtschaftsraum Italien mit seinen kulturellen und menschlichen Besonderheiten wird in den nachfolgenden Kapiteln auf die Rechtslage bei Italiengeschäften und besonders auf die Unterschiede zum deutschen Recht eingegangen, die beim Handel mit Italien für den deutschen Exporteur von Bedeutung sind.

4. Rechtsbetrachtungen

Bei den vielfältigen Außenhandelsgeschäften deutscher Unternehmer mit Italien muß unter Umständen die vom deutschen Recht abweichende Behandlung von Rechtsproblemen beachtet werden. Zwar nähern sich die Rechts- und Verwaltungssysteme innerhalb der EU im Rahmen der europäischen Einigung zusehends an, jedoch besteht in einigen Bereichen der einzelnen Zivilrechte noch eine Vielzahl von Unterschieden, die für in Italien tätige Unternehmen von großer Bedeutung sein können. Im folgenden wird nach einem allgemeinen Überblick über die rechtlichen Grundlagen auf einige der wichtigsten Unterschiede eingegangen.

4.1. Rechtskreis

Der Rechtskreis des jeweiligen Landes bedingt die dort anzuwendende Rechtsordnung. Der deutsche Rechtskreis, der weltweit wenig Nachahmung gefunden hat, ist durch eine Rechtsordnung gekennzeichnet, die sich auf das im Jahr 1900 in Kraft getretene BGB, das HGB und die Zivilprozeßordnung stützt.[152] Italien gehört dagegen dem romanischen Rechtskreis an. Dessen Grundlage ist der französische Code Civil aus dem Jahr 1804, der sich seinerseits auf das römische Recht beruft. Das italienische Recht lehnt sich daher aufgrund des zugrundeliegenden Rechtskreises stark an den napoleonischen Code Civil an, woraus sich die im weiteren erläuterten Unterschiede zum deutschen Recht ergeben.[153]

4.2. Internationales Recht

Grundsätzlich haben die Parteien die Möglichkeit, das auf den betreffenden Vertrag anzuwendende Recht frei zu wählen. Dabei muß es sich nicht zwingend um das Recht eines der Vertragsparteien handeln, sondern es kann auch ein unabhängiges Recht eines Drittlandes vereinbart werden. Wird keine ausdrückliche Wahl eines nationalen Rechts getroffen, so tritt für die Unterzeichnerstaaten des „UN-Übereinkommens zum internationalen Warenkauf" automatisch das UNCITRAL-Kaufrecht[154] (im folgenden

---

[152] Vgl. Altmann, Jörn (1993), S. 28 f..
[153] Vgl. von Bernstorff, Christoph (1992), S. 23 f..
[154] Das UNCITRAL-Kaufrecht ist auch unter dem Namen CISG = *United Nations Convention on Contracts for the International Sale of Goods* bekannt.

UN-Kaufrecht) in Kraft, da es für Italien am 01.01.1988 und für Deutschland am 01.01.1992 in Kraft getreten ist, und somit beide Staaten zu den Vertragsstaaten gehören. Bei dem UN-Kaufrecht handelt es sich um ein eigenständiges zwischenstaatliches Kaufrecht, das sich von den nationalen Kaufrechten teilweise unterscheidet.[155] Es regelt das Zustandekommen von Kauf- und Werklieferungsverträgen (Angebot und Annahme) einschließlich der Vereinbarung von AGB (Allgemeine Geschäftsbedingungen). Der Schwerpunkt der Rechtsvorschriften liegt jedoch auf der Regelung der Rechte und Pflichten des Verkäufers sowie auf den Bestimmungen bei nicht ordnungsgemäßer Erfüllung der gegenseitigen Vertragsverpflichtungen.[156]

Das UN-Kaufrecht gilt nur unter folgenden Bedingungen[157]:

- Es muß sich um internationale Geschäfte handeln, die einen gewissen Bezug zu den Vertragsstaaten aufweisen.
- Vertragsinhalt muß der Kauf von Waren sein. Dabei muß es sich um bewegliche Güter handeln, die zu kommerziellen Zwecken verkauft werden.
- Die Vertragspartner müssen ihren Sitz in verschiedenen Staaten haben.
- Die Niederlassung oder der gewöhnliche Aufenthalt einer der Parteien muß sich im Ausland befinden. Die Staatsangehörigkeit ist dabei unerheblich.

Die Rechtsvorschriften gelten nicht für Käufe auf Versteigerungen sowie für Käufe von Wertpapieren, Zahlungsmitteln, Schiffen, Luftfahrzeugen und elektrischer Energie. Außerdem schließen sie die Regelung von Personenschäden aus, da die Produkthaftpflicht nationalem Recht unterliegt.

Die Bestimmungen des UN-Kaufrechts haben Vorrang vor widersprechenden nationalen Bestimmungen. Seine Regelungen können jedoch teilweise oder ganz modifiziert oder auch ersetzt werden. Soll das UN-Kaufrecht nicht zur Geltung kommen, muß es ausdrücklich ausgeschlossen werden, was in der Praxis, trotz der Vorteile, die die Vereinheitlichung der Gesetzesregelungen bietet, im Geschäftsverkehr mit Italien noch häufig geschieht.[158]

---

[155] Vgl. Altmann, Jörn (1993), S. 282 ff..
[156] Vgl. BfAI (Hrsg.) (1995), Rechtstips, S. 7 ff..
[157] Vgl. Altmann, Jörn (1993), S. 284 f..
[158] Vgl. von Boehmer, Henning (Hrsg.) (1993), S. 91 ff..

Im Fall des Ausschlusses ohne Festlegung eines nationalen Rechtes oder für Aspekte, die vom UN-Kaufrecht nicht erfaßt werden, gelten die Vorschriften des nationalen unvereinheitlichten Kaufrechtes.

Dabei stellt sich nun die Frage, welche Bestimmungen welches Staates zur Anwendung gelangen. Dieses Problem wird durch das „Übereinkommen über das auf vertragliche Schuldverhältnisse anzuwendende Recht" vom 19.06.1980 (Europäisches Schuldvertragsübereinkommen EVÜ) geregelt. Nicht von diesem Übereinkommen erfaßt werden u.a. Regelungen über Personenstandssachen, Verpflichtungen aus Wechseln und Schecks, Schieds- und Gerichtsstandsvereinbarungen und gesellschaftsrechtliche Fragen.

Dem Grundsatz des EVÜ nach, hat eine von den Parteien getroffene Rechtswahl Vorrang. Die Rechtswahl muß jedoch ausdrücklich auf alle oder auch nur einige Teile des Vertrags getroffen worden sein, oder sich mit hinreichender Sicherheit aus den Bestimmungen des Vertrages oder den Umständen des Falles ergeben.[159]

Ist dies nicht der Fall, so unterliegt der Vertrag den Bestimmungen des Landes, mit dem er die engsten Verbindungen aufweist. Das ist i.d.R. der Staat, in dem diejenige Partei zum Zeitpunkt des Vertragsabschlusses ihren gewöhnlichen Aufenthalt hat, welche die vertragscharakteristische Leistung zu erbringen hat.[160] Das würde im Falle des deutschen Exporteurs normalerweise einen Rückgriff auf das deutsche Recht bedeuten. Jedoch tendieren italienische Gerichte zur Anwendung des ihnen bekannten italienischen Rechts, wenn sie über das deutsche Recht trotz Bemühungen keine hinreichenden Kenntnisse erlangen können.[161]

4.3. Italienisches Kaufrecht

Die italienische Verfassung bekennt sich explizit zum marktwirtschaftlichen Prinzip, das durch die entsprechende Vorschrift der Vertragsfreiheit im italienischen Codice civile (C.c. = Zivilrecht) von 1942 festgelegt ist.

---

[159] Vgl. von Boehmer, Henning (Hrsg.) (1993), S. 89 ff..
[160] Vgl. BfAI (Hrsg.) (1995), Rechtstips, S. 8 ff.
[161] Vgl. von Boehmer, Henning (Hrsg.) (1993), S. 92 ff.

Da das italienische Recht kein eigenständiges Handelsrecht kodifiziert hat, finden die Vorschriften des C.c. sowohl auf den zivilrechtlichen, als auch auf den handelsrechtlichen Kauf Anwendung. Damit wird der C.c. auch zur Grundlage des Kaufvertrages. Gegenstand der Regelungen sind bewegliche, unbewegliche und künftige Sachen.[162] Gemäß Art. 1470 C.c. handelt es sich bei einem Kauf um einen „[...] Vertrag, der die Übertragung des Eigentums an einer Sache oder die Übertragung eines anderen Rechts gegen Leistung eines Preises zum Gegenstand hat."[163] Anders als im deutschen Recht ist dabei die Übergabe der Sache für den Übergang des Eigentums nicht notwendig, da das italienische Recht nicht in einen schuldrechtlichen und einen davon unabhängigen dinglichen Vertrag unterscheidet. Der Eigentumsübergang findet vielmehr lt. Art. 1326 C.c. mit sofortiger Wirkung bei Vertragsabschluß statt.[164] Entsprechendes gilt demnach auch für den Gefahrenübergang (Art. 1465 C.c.), wobei die ausgehandelten Vertragsvereinbarungen durchaus von diesen Regelungen abweichen können.

In den Fällen des obligatorischen Kaufs (*vendita obligatoria*) bewirkt der Vertragsschluß jedoch nicht unmittelbar die Übertragung des Rechts. Zu diesen Fällen gehören:
a) der Kauf künftiger Sachen (Eigentumsübergang lt. Art. 1472 C.c. sobald die Sache entsteht);
b) der Gattungskauf (Eigentumsübergang lt. Art. 1378 C.c. sobald die Sache individualisiert wird);
c) der Kauf der Sache eines Dritten (Eigentumsübergang lt. Art. 1478, Abs. 2 C.c. sobald der Verkäufer Eigentümer geworden ist);
d) der Kauf unter Eigentumsvorbehalt (Eigentumsübergang lt. Art. 1523 C.c. bei Zahlung der letzten Rate (vgl. Abschnitt 4.4.2);
e) der Versendungskauf (Eigentumsübergang lt. Art. 1510, Abs. 2 bei Übergabe der Sache an das Transportunternehmen).

Für den Verkäufer ergibt sich zum Zeitpunkt des Vertragsabschlusses zunächst nur eine Verpflichtung zur Übergabe der Sache.[165]

---

[162] Vgl. BfAI (Hrsg.) (1995), Rechtstips, S. 10 f.
[163] Von Westphalen, Friedrich (Hrsg.) (1992), S. 587.
[164] Anstelle des deutschen Abstraktionsprinzips gilt nach italienischem Recht das Prinzip der dinglichen Wirkung der Willenseinigung der Parteien.
[165] Vgl. von Westphalen, Friedrich (Hrsg.) (1992), S. 588 f.

Zu beachten ist der Fall des Versendungskaufes von Deutschland nach Italien. Nach deutschem Recht kann der Eigentumsübergang mangels Übergabe nicht in Deutschland stattfinden; nach italienischem Recht jedoch findet er schon bei Vertragsschluß statt. Aufgrund dieser Rechtslage geht das Eigentum erst bei Überschreiten der italienischen Grenze auf den Käufer über. In Fällen, in denen der Käufer die Ware zum Beispiel zur Ansicht bereits vor dem Abschluß eines Kaufvertrages erhält, findet der Eigentumsübergang erst bei Abschluß eines gültigen Kaufvertrages statt.[166]

Vertragsabschluß

Der Vertragsabschluß verläuft grundsätzlich nach dem selben Prinzip von Angebot und Annahme wie in Deutschland. Generell sollte ein Angebot zu Beweiszwecken schriftlich verfaßt werden, und so detailliert sein, daß eine Annahme durch eine einfache Bestätigung möglich ist. Gemäß Art. 18, Abs. 1 des UN-Kaufrechts (mit Gesetz Nr. 765 am 11.12.1985 in Italien in Kraft getreten) stellen Schweigen oder Untätigkeit allein keine Annahme dar. So kommt im Gegensatz zum deutschen Recht kein Vertrag durch das Schweigen auf ein kaufmännisches Bestätigungsschreiben zustande. Es gilt lediglich als Zustimmung, sofern vorher eine Widerspruchspflicht vereinbart wurde. Weiterhin abweichend vom deutschen Recht wird dagegen eine unwesentlich vom Angebot abweichende Antwort als gültige Annahme angesehen, wenn der Anbietende die fehlende Übereinstimmung nicht unmittelbar beanstandet.[167]

In manchen Fällen kann dem Kaufvertrag ein Kaufvorvertrag vorausgehen, der die Parteien zum Abschluß eines endgültigen Vertrages verpflichten kann, und der bereits alle Punkte beinhalten muß, die zum Inhalt des endgültigen Vertrages werden sollen (Vertragsobjekt, Preis etc.). Ob der Vorvertrag für die Parteien zwingend einen Kaufvertrag nach sich zieht, hängt von Wortlaut des Vorvertrages und vom Verhalten der Parteien ab. Voraussetzung ist die Einigung der Parteien (Angebot und Annahme) über einen bestimmten Vertragsgegenstand unter Zugrundelegen eines Rechtsgrundes. Außerdem muß der Vorvertrag dieselbe Form haben wie der endgültig beabsichtigte Vertrag (Art. 1351 C.c.).[168]

---

[166] Vgl. von Bernstorff, Christoph (1992), S. 65 f.
[167] Vgl. von Boehmer, Henning (Hrsg.) (1993), S. 92 f.
[168] Vgl. BfAI (Hrsg.) (1995), Rechtstips, S. 11 f.

Für den Fall, daß eine der Parteien den Kaufvertrag dennoch nicht abschließt, sieht das italienische Recht einen besonderen Schutz vor. Es kann eine richterliche Entscheidung erwirkt werden, die eine fehlende Willenserklärung ersetzt, und somit die gleiche Wirkung hat wie der abzuschließende Vertrag (Art. 2932 C.c.).

In der Praxis werden oftmals bereits abgeschlossenen Kaufverträge (sogenannte *compromessi*) als Vorvertrag mit sofortiger Eigentumsübertragung abgeschlossen. Beim Abschluß eines weiteren Vertrages handelt es sich dann lediglich um eine Reproduktion des bereits geschlossenen Vertrages.[169]

Prinzipiell unterliegen Kaufverträge über bewegliche Sachen keinerlei Formvorschriften, auch wenn die Schriftform aus Beweisgründen zu empfehlen ist. Es können jedoch in Einzelfällen nationale Formvorschriften von Einzelgesetzen vorliegen oder die Parteien können eine bestimmte Form vertraglich vereinbaren (*patto di forma*). In diesem Fall wird die Form zwingend für die Gültigkeit des Vertrages (Art. 1352 C.c.), so daß der Vertrag bei Nichteinhaltung der vereinbarten Form nichtig ist.[170] Verträge über unbewegliche Sachen (zum Beispiel Grundstücke), sowie über alle weiteren in Art. 1350 C.c. aufgeführten Verträge (zum Beispiel Gesellschaftsverträge) sind durch öffentliche Urkunde (*atto pubblico*) oder Privaturkunde (*scrittura privata*) zu schließen, da sie sonst unwirksam sind.[171]

4.4. Unterschiede zum deutschen Recht

Die folgenden Abschnitte legen die Besonderheiten der wichtigsten Rechtsaspekte dar, die ein deutscher Unternehmer im Geschäftsverkehr mit italienischen Kunden oder Geschäftspartnern zu beachten hat. Dabei werden lediglich die Sachverhalte herausgestellt, die sich vom deutschen Recht unterscheiden. Auf die Darstellung von Aspekten des italienischen Rechts, die weitestgehend rechtlich wie in Deutschland behandelt werden, wird im Rahmen dieser Ausführung verzichtet.

---

[169] Vgl. von Westphalen, Friedrich (Hrsg.) (1992), S. 589 f..
[170] Vgl. ebenda, S. 294 f.
[171] Vgl. BfAI (Hrsg.) (1995), Rechtstips, S. 12 f.

4.4.1. Zahlungsverkehr (*operazioni di pagamento*)

4.4.1.1. Zahlungsbedingungen (*condizioni di pagamento*)

Sofern keine abweichenden Vereinbarungen zwischen den Parteien getroffen wurden, erfolgt die Zahlung des Kaufpreises sowohl nach deutschem und italienischem Recht, als auch nach UN-Kaufrecht „Zug um Zug" mit der Lieferung der Ware. Aufgrund der bestehenden Vertragsfreiheit sind jedoch anders geartete Zahlungsvereinbarungen zu den allgemein im internationalen Geschäftsverkehr üblichen Bedingungen möglich. Die Wahl der jeweiligen Bedingungen erfolgt i.d.R. in Abhängigkeit von der Bonität des Kunden.[172]

Italienische Vertragspartner bevorzugen meist die in Italien üblichen Zahlungsziele von 30, 60, 90 oder unter Umständen auch 180 Tagen. Beliebt ist dabei eine Staffelung dieser Zahlungsziele, d.h. ein Drittel zahlbar nach 30, das zweite Drittel nach 60 und das letzte Drittel nach 90 Tagen. In vielen Fällen wird auch ein Barzahlungsrabatt von drei bis fünf Prozent auf Zahlungen binnen 10 Tagen gewährt.

Gerät der Schuldner in Verzug, so entsteht dem Gläubiger gem. Art. 78 des UN-Kaufrechts ein Zinsanspruch. Der Verzug setzt gem. Art. 59 des genannten Gesetzes ohne Mahnung mit Fälligkeit der Forderung ein. Die Höhe des Zinsanspruchs richtet sich jedoch nach nationalem Recht. Kommt das italienische Recht zur Anwendung, so betragen die Verzugszinsen lt. Art. 1284, Abs. 1 C.c. 10% (nach deutschem Recht 5%). Entsteht dem Gläubiger ein weitergehender Zinsschaden, so kann er auch diesen Anspruch nach Art. 74 des UN-Kaufrechts geltend machen. Daher sollten Art und Umfang von Verzugszinsen, die über das gesetzliche Maß hinaus gehen, schriftlich vereinbart werden.[173]

Um ausstehende Forderungen einzutreiben, werden i.d.R. Rechtsanwälte oder Inkassobüros eingeschaltet, wobei letztere nicht zu gerichtlichen Forderungseintreibungen berechtigt sind.

---

[172] Vgl. CMA (Hrsg.) (1994), Exportmerkblätter, S. 9 f.
[173] Vgl. von Boehmer, Henning (Hrsg.) (1993), S. 97.

4.4.1.2. Forderungsabtretung (*cessione di credito*)

Der formfreie Abtretungsvertrag ist nach italienischem Recht ein „[...] abstraktes, von der Kausalvereinbarung rechtlich unabhängiges Geschäft."[174] Der Abtretende hat dem Abtretungsempfänger lediglich die Schuldurkunde und sonstige Beweismittel über die abgetretene Forderung zu übergeben. Die Einwilligung des Schuldners ist nicht erforderlich, es sei denn, die Forderung ist höchstpersönlicher Natur oder die Übertragung ist gesetzlich verboten (Art. 1260, Abs. 1 C.c.). Gegenüber Dritten tritt die Rechtskraft der Forderungsabtretung gem. Art. 1264, Abs. 1 C.c. jedoch erst ein, wenn der Schuldner förmlich in Kenntnis gesetzt wird oder die Abtretung annimmt.

Bei schuldrechtlichen Beziehungen zwischen Alt- und Neugläubiger wird zwischen zwei Abtretungsarten unterschieden[175]:

(1) Die entgeltliche Abtretung lt. Art. 1266, Abs. 1 C.c.: Sie verpflichtet den Altgläubiger zur Haftung für die Forderung an sich, nicht jedoch für die Zahlungsfähigkeit des Schuldners, sofern er dafür keine Gewähr übernommen hat. Sollte dies der Fall sein, so haftet er im Rahmen des Betrages, den er erhalten hat. Zudem hat er die Zinsen zu zahlen, die Kosten für die Abtretung zu übernehmen und dem Neugläubiger die Aufwendungen zu erstatten, die diesem aufgrund der Schuldeneintreibung entstanden sind (Art. 1267, Abs. 1 C.c.).

(2) Die unentgeltliche Abtretung lt. Art. 1266, Abs. 2 C.c.: Im Fall der unentgeltlichen Abtretung ist der Altgläubiger lediglich zu Garantieleistungen in dem Rahmen verpflichtet, in welchem dem Schenker per Gesetz „[...] die Gewährleistung für die Entziehung der geschenkten Sache [...]"[176] auferlegt wird.

Wird dieselbe Forderung mehrmals abgetreten, so richtet sich die Rangfolge der Abtretung nach dem Datum des Abtretungsvertrages. Wurde die Abtretung jedoch in öffentlicher Urkunde, d.h. in einer öffentlich beglaubigten Abschrift des Vertrages, vorgenommen, so richtet sich die Rangfolge nach dem Datum der öffentlichen Urkunde.[177]

---

[174] BfAI (Hrsg.) (1995), Rechtstips, S. 31.
[175] Vgl. ebenda, S. 31 ff.
[176] Ebenda, S. 32.
[177] Vgl. von Bernstorff, Christoph (1992), S. 101 f.

4.4.1.3. Zahlungsmodalitäten (*modalità di pagamento*)

Die ehemals im europäischen Geschäftsverkehr sehr beliebten Akkreditive werden mittlerweile kaum noch verwendet. Dafür hat die sogenannte „absolute Garantie" bei Darlehen stark an Bedeutung zugenommen. Diese wird von Kreditinstituten gewährt, und erstreckt sich auf die Rückzahlung des gewährten Kredits, sowie auf sofortige Zahlung bei der ersten Anforderung ohne Recht auf Einrede oder Einspruch.[178]

Zwischen Unternehmen sind Tratten und Wechsel weit verbreitet. Die Gebühren betragen 1,2% des Wechselbetrages. Zu beachten ist, daß bei Verlängerung des Wechsels ein neues Dokument ausgestellt werden muß.

Trotzdem das italienische Wechsel- und Scheckgesetz ebenso wie die deutschen Vorschriften auf den entsprechenden Genfer Konventionen zum Wechsel- und Scheckrecht beruhen, sind noch einige Unterschiede zu berücksichtigen.

Geht der Wechsel bei Nichtzahlung zu Protest, so gilt der italienische Wechsel als Vollstreckungstitel wie ein Urteil. Dies ermöglicht es dem Gläubiger, die Zwangsvollstreckung unmittelbar einzuleiten. Da dies bei deutschen Wechseln nicht der Fall ist, werden sie in Italien auch nicht als vollstreckbar anerkannt. Darauf zu achten ist immer, daß der Wechsel mit einer genügenden Anzahl von *bolli* (staatliche Steuermarken) versehen ist, da die Wechselverpflichtung ansonsten nur durch eine ordentliche Klage geltend gemacht werden kann, da der Wechsel ohne diese Steuermarken nicht als Titel gilt.

Ein weiterer wichtiger Punkt ist die Tatsache, daß gem. der italienischen Rechtsvorschriften das Ausstellen und die Annahme von Wechseln eine außerordentliche Geschäftsführungsmaßnahme ist. Somit kann es unter Umständen vorkommen, daß die vertretungsberechtigten Organe (zum Beispiel Geschäftsführer oder Verwaltungsräte) oder die Prokuristen nicht zur Wechselausstellung oder -annahme berechtigt sind, ohne Zustimmung einzuholen. Dies braucht man sich als gutgläubiger Dritter jedoch nicht entgegenhalten zu lassen.[179]

---

[178] Vgl. BfAI (Hrsg.) (1996), Geschäftspartner, S. 74.
[179] Vgl. von Boehmer, Henning (Hrsg.) (1993), S. 106 f..

Bezüglich des Scheckrechtes sind zwei grundsätzliche Unterschiede zu beachten. Dem italienischem Recht zufolge ist es strafbar, ungedeckte Schecks auszustellen. Desweiteren ist es strafbar, keine oder falsche Datumsangaben auf dem Scheck vorzunehmen. Der Grund dafür ist die Tatsache, daß ein Scheck mindestens acht - je nach Ausstellungsort auch bis zu 60 Tage -[180] ab Ausstellung gedeckt sein muß. Bei Nichtbeachtung dieser Vorschriften drohen Geld- oder Haftstrafen.

4.4.2. Eigentumsvorbehalt (*riserva della proprietà*)

Die italienischen Rechtsvorschriften zum Eigentumsvorbehalt (EV) sind selbst dann zwingend anzuwenden, wenn die Anwendbarkeit eines anderen Rechts vereinbart wurde, da sachenrechtliche Beziehungen i.d.R. nach dem Recht des Ortes beurteilt werden, an dem sich die Sache befindet (lex rei sitae). Zudem müssen italienische Gerichte die Rechtsnormen über den EV von Amts wegen beachten, da sie Gegenstand des italienischen *ordre public* (öffentliche Ordnung) sind.[181]

Der EV bezieht sich lt. Art. 1523 bis 1526 C.c. ausdrücklich nur auf Ratenzahlungsgeschäfte. Zwar wird er trotzdem auch auf Käufe übertragen, bei denen der Kaufpreis insgesamt zu einem späteren Zeitpunkt fällig wird; er kommt jedoch außerhalb der Ratenzahlung in der Praxis selten vor.

Da das Eigentum nach italienischem Recht wie bereits erwähnt bereits mit Abschluß des Kaufvertrages übergeht, findet nicht nur der Gefahrenübergang bereits zum Zeitpunkt der Übergabe statt, sondern es ist auch notwendig, den EV bereits im Kaufvertrag zu regeln, da nachträgliche Vereinbarungen nicht anerkannt werden. Wie im deutschen Recht geht das Eigentum an der Sache mit Zahlung der letzten Rate auf den Käufer über.

Formvorschriften

EV-Vereinbarungen sind prinzipiell formfrei. Sie müssen lediglich explizit getroffen werden. Aus Beweisgründen ist es jedoch sinnvoller, diesbezügliche Abmachungen schriftlich zu verfassen. Zur Wirksamkeit gegenüber Dritten (zum Beispiel bei Pfändung oder Konkurs) sind jedoch besondere Formvorschriften zu beachten. So muß sich der EV bei beweglichen Sachen aus einem Schriftstück mit einem sog. „sicheren Da-

---

[180] Vgl. von Boehmer, Henning (Hrsg.) (1993), S. 106 f.
[181] Ebenda, S. 99.

tum" (*data certa*) ergeben, um zu vermeiden, daß ein gar nicht vereinbarter EV durch Rückdatierung vorgetäuscht werden kann. Das Datum kann gem. Art. 2704 C.c. durch eine zeit- und kostenaufwendige Registrierung des Kaufvertrags beim *Ufficio del Registro* (Registrierungsbehörde), durch Unterschriftenbeglaubigung durch einen Notar oder italienischen Konsul, durch Anbringen eines leserlichen Poststempels oder andere Maßnahmen gesichert werden, die gewährleisten, daß das angegebene Datum mit dem Datum des Vertragsschlusses übereinstimmt.[182]

Ähnlich wie im deutschen Recht, ist der EV einem gutgläubigen Erwerber nicht entgegenzuhalten (Art. 1153 C.c.). Jedoch gibt es diesbezüglich im italienischen Recht zwei grundsätzliche Einschränkungen:

(1) Handelt es sich bei der Ware um Maschinen oder Anlagen mit einem Wert von über 30.000 Lire[183] und ist der EV in einem speziell dafür eingerichteten Register des Landgerichts eingetragen, in dessen Bezirk sich die Ware befindet, kann der Vorbehaltsverkauf auch gegenüber gutgläubigen Erwerbern im ordentlichen Geschäftsverkehr entgegengehalten werden (Art. 1524, Abs. 2 C.c.). Dies gilt jedoch nur, wenn sich die Ware zum Zeitpunkt des Weiterverkaufs auch tatsächlich in dem Bezirk befindet, in dem die Eintragung stattgefunden hat. Das bedeutet, daß die betreffende Maschine oder Anlage im Falle des Verbringens an einen anderen Ort an eben diesem erneut in das dortige Register eingetragen werden muß, um auch weiterhin den Schutz beibehalten zu können.[184]

(2) Handelt es sich bei der Vorbehaltsware um neue Werkzeuge oder Produktionsmaschinen mit einem Kaufpreis von mehr als 500.000 Lire, muß die Unterschrift oder die Eintragung im Eigentumsvorbehaltsregister zusätzlich notariell beurkundet oder beglaubigt werden, damit der EV gegenüber gutgläubigen Erwerbern wirksam ist (Gesetz Nr. 1329 vom 28.11.1965 und Durchführungsverordnung vom 21.07.1973). Hierbei sind zudem noch weitere, im genannten Gesetz aufgeführte Formalien zu beachten, wie zum Beispiel die Erstellung eines Ursprungszeugnisses und die entsprechende Kennzeichnung der Maschine.[185]

---

[182] Vgl. BfAI (Hrsg.) (1995), Rechtstips, S. 24 ff..
[183] Die Beträge stammen aus einer Zeit, zu der die Lira noch einen höheren Wert hatte, und wurden bis zum jetzigen Zeitpunkt nicht angepaßt.
[184] Vgl. BfAI (Hrsg.) (1995), Rechtstips, S. 24 ff..
[185] Vgl. von Boehmer (Hrsg.) (1993), S. 102 ff..

Für Eigentumsvorbehalte bei Flugzeugen, Schiffen oder Kraftfahrzeugen existieren bei den Landgerichten gesonderte öffentliche Register (Art. 1524, Abs. 2 C.c.).

Wird dem Käufer die Zahlung des Restkaufpreises unmöglich, so kann auf Aufhebung des Vertrages geklagt werden. Wurden für diese Zahlung Termine vereinbart und nicht eingehalten, so erübrigt sich eine Klage. Gem. Art. 1525 C.c. erfolgt jedoch keine Vertragsauflösung, wenn der Käufer mit einer einzelnen Rate, die maximal ein Achtel des Kaufpreises betragen darf, in Verzug gerät. Gerät der Käufer allerdings mit der zweiten befristeten Teilrate in Verzug, kann die Auflösung des Vertrags verlangt werden. In diesem Fall ist der Verkäufer zur Rückerstattung der bereits erhaltenen Teilzahlungen verpflichtet. Er kann jedoch unter Umständen einen Entschädigungsanspruch (*equo compenso*) für den Gebrauch der Sache und/oder einen Schadensersatz (*risarcimento del danno*) durch den Käufer gem. Art. 1526 C.c. von dieser Rückerstattung abziehen.[186]

Der in Deutschland gebräuchliche verlängerte oder erweiterte EV ist dem italienischen Recht unbekannt. Diesbezügliche Vereinbarungen sind nichtig, da sie nicht dem dortigen Verständnis von Eigentumsvorbehalten entsprechen. Ein in Deutschland vereinbarter EV besteht grundsätzlich immer dann fort, wenn er den Vorschriften des italienischen Rechts entspricht.[187] Aufgrund der vielen Besonderheiten des italienischen EV ist im Einzelfall die Einholung eines umfassenden Rechtsrates zu empfehlen.

4.4.3. Allgemeine Geschäftsbedingungen (*condizioni contrattuali generali*)

Die Verwendung von Allgemeinen Geschäftsbedingungen (AGB) ist in Italien mittlerweile genauso üblich wie in Deutschland. Die rechtlichen Grundlagen der italienischen AGB finden sich in den Artikeln 1341, 1342 und 1370 des C.c.. Diese Vorschriften geben zwar keine grundsätzliche Definition der AGB; die allgemeine Auffassung entspricht jedoch der Definition des § 1 des deutschen AGB-Gesetzes.

---

[186] Vgl. CMA (Hrsg.) (1994), Exportmerkblätter, S. 30 f. und BfAI (Hrsg.) (1996), Geschäftspartner, S. 85.
[187] Vgl. BfAI (Hrsg.) (1995), Rechtstips, S. 26.

Anders als im deutschen Recht gelten die Regelungen zu den AGB allerdings nicht nur gegenüber Kaufleuten, sondern auch gegenüber Nichtkaufleuten, wodurch diesen unter Umständen Nachteile entstehen können.[188]

Gegenstand der gesetzlichen Vorschriften sind sämtliche für eine Vielzahl von Verträgen vorformulierte Vertragsklauseln. Darunter fallen demnach keine Klauseln, die von den Vertragsparteien frei ausgehandelt wurden. Die im voraus aufgestellten AGB werden gegenüber der anderen Partei lt. Art. 1341, Abs. 1 C.c. wirksam, wenn der Verwender bei Vertragsabschluß auf die Anwendbarkeit der AGB hinweist und der Vertragspartner sie „[...] zum Zeitpunkt des Vertragsschlusses kannte oder bei Anwendung der gewöhnlichen Sorgfalt hätte kennen müssen."[189]. Eine nachträgliche Einbeziehung ist ausnahmslos unzulässig. Ein Schweigen zu den AGB bedeutet deren Annahme, sofern die andere Partei sie kannte oder kennen konnte. Art. 1341, Abs. 1 C.c. erfordert zwar keine Vereinbarung über die Einbeziehung von AGB; bei deren Nichtannahme ist jedoch Widerspruch einzulegen.[190]

Eine Inhaltskontrolle zu Verbraucherschutzzwecken, wie sie in Deutschland festgelegt ist, ist in der italienischen Rechtsordnung nicht vorgesehen. Es besteht lediglich die Verpflichtung, die in Art. 1341, Abs. 2 C.c. aufgeführten sog. nachteiligen Klauseln ausdrücklich zu bestätigen, da sie ansonsten als nicht vereinbart gelten. Diese Regelung soll dem Vertragspartner die Möglichkeit zur eingehenden Prüfung dieser Klauseln geben. Es genügt daher auch nicht, diese Klauseln lediglich durch Fettdruck o.ä. hervorzuheben. Sie müssen ziffernmäßig aufgezählt, und durch eine gesonderte Unterschrift bestätigt werden, so daß i.d.R. zwei Unterschriften - für den Vertrag und zur Anerkennung der nachteiligen Klauseln - notwendig sind. Die Annahme durch Schweigen ist nicht möglich. Ohne diese explizite Bestätigung sind diese Klauseln nichtig, wodurch jedoch nicht die Wirksamkeit des gesamten Vertrages beeinträchtigt wird, sofern die belastenden Klauseln nicht zwingende Voraussetzung dafür sind.[191]

---

[188] Vgl. von Westphalen, Friedrich (Hrsg.) (1992), S. 596.
[189] BfAI (Hrsg.) (1995), Rechtstips, S. 26.
[190] Vgl. ebenda, S. 26 ff..
[191] Vgl. von Boehmer, Henning (Hrsg.) (1993), S. 100 f..

Zu den genannten Klauseln gehören solche, die folgendes zum Inhalt haben:

- Haftungsbeschränkungen, und zwar nicht nur den völligen Haftungsausschluß, sondern zum Beispiel auch summenmäßige Beschränkungen;
- Rücktrittsrechte zugunsten des Verwenders der AGB;
- Recht zur Aufhebung von Leistungspflichten;
- Fristenregelungen zum Nachteil des anderen Vertragspartners;
- Verwirkung von Rechten des Vertragspartners;
- Beschränkungen von Einreden oder Einwänden;
- stillschweigende Verlängerung oder Erneuerung des Vertrags;
- Einschränkungen der Vertragsfreiheit gegenüber Dritten;
- Schiedsklauseln oder
- Gerichtsstandsvereinbarungen.[192]

Auf weitere Klauseln, die sich speziell auf den Schutz des Endverbrauchers beziehen, wird auf Abschnitt 4.4.4.2 verwiesen.

Da die Aufzählung der nachteiligen Klauseln vom italienischen Gesetzgeber als zwingend betrachtet wird, sollte man sich im Zweifelsfall alle Klauseln gesondert schriftlich bestätigen lassen, die in irgendeiner Form das Recht des Vertragspartners einschränken, und auch nur entfernt unter die oben aufgeführten Punkte fallen könnten.

Wird von beiden Parteien auf ihre „widerstreitenden AGB" hingewiesen, so gilt der Vertrag nach italienischem Recht als nicht geschlossen, da keine übereinstimmenden Willenserklärungen vorliegen.[193]

Nach deutschem Recht ist die Einbeziehung nachteiliger Klauseln nicht mit Formvorschriften belegt, womit diese auch ohne eine ausdrückliche Bestätigung wirksam wären. Generell würde es lt. Art. 11, Abs. 2 EGBGB über die Formwirksamkeit im internationalen Privatrecht genügen, wenn die entsprechende Vereinbarung lediglich nach dem Recht eines der beiden Staaten wirksam wäre. Aufgrund der bereits in Abschnitt 4.2 erwähnten Tendenz italienischer Gerichte, die Vorschriften des italienischen

---

[192] Vgl. BfAI (Hrsg.) (1995), Rechtstips, S. 27 f.
[193] Vgl. ebenda.

Rechts bevorzugt anzuwenden, können Klauseln ohne ausdrückliche Bestätigung jedoch selbst dann für unwirksam erklärt werden, wenn auf den Vertrag ansonsten deutsches Recht anzuwenden ist. Es empfiehlt sich daher, nachteilige Klauseln immer - unabhängig von der Rechtswahl - ausdrücklich bestätigen zu lassen.[194]

4.4.4. Gewährleistungspflicht (*obbligo di garanzia*)

Das italienische Produkthaftgesetz ersetzt nicht die allgemeinen Haftungsregeln des Codice civile, sondern ergänzt sie (Art. 15 des Produkthaftgesetzes). Das hat zur Folge, daß ein Geschädigter neben der außervertraglichen Produkthaftung auch nach den allgemeinen Deliktvorschriften des italienischen Zivilgesetzes Schadensersatz fordern kann (zum Beispiel Schmerzensgeld). Der Vorteil für den Geschädigten liegt darin, daß ihm bei Klagen nach den letztgenannten Vorschriften unter Umständen geringere Beweispflichten obliegen. Im folgenden wird daher auf beide Vorschriften eingegangen.

4.4.4.1. Vertragliche Gewährleistung (*garanzia contrattuale*)

Die Grundlage der vertraglichen Gewährleistung, die sich aus den unmittelbaren Vertragsbeziehungen zwischen Hersteller und/oder Veräußerer und dem Kunden als Endabnehmer ergeben, sind die Art. 1490 ff. C.c..

Gem. Art. 1490 C.c. ist der Verkäufer verpflichtet, Gewähr für die Mängelfreiheit der verkauften Sache zu leisten. Ein Mangel liegt dann vor, wenn der Zustand der Sache so vom Vertrag abweicht, daß ihr Wert oder ihr bestimmungsmäßiger Gebrauch wesentlich beeinträchtigt ist. Weist die verkaufte Sache nicht die zugesicherten oder für den bestimmungsmäßigen Gebrauch zwingenden Eigenschaften auf, so hat der Verkäufer gem. Art. 1497 C.c. dafür ebenso einzutreten, wie für die Lieferung einer anderen als der zugesagten Sache.[195]

Gem. Art. 1494 C.c. ist „[...] der Verkäufer dem Käufer gegenüber zum Ersatz des Schadens verpflichtet, es sei denn, er [kann beweisen], den Mangel der Sache ohne Verschulden nicht gekannt zu haben. Der Verkäufer hat dem Käufer außerdem jeden

---

[194] Vgl. von Boehmer, Henning (Hrsg.) (1993), S. 101.
[195] Vgl. BfAI (Hrsg.) (1995), Rechtstips, S. 14 ff.

aus der Mangelhaftigkeit der Sache herrührenden Schaden zu ersetzen."[196]. Abs. 1 dieses Gesetzes umfaßt dabei die gesamten vertraglichen Schadensersatzansprüche, d.h. das gesamte positive Interesse des Kunden, wogegen sich Abs. 2 auf die Mangelfolgeschäden im Rahmen des deliktrechtlichen Schutzes bezieht. Für letztere besteht jedoch keine Haftungsverpflichtung des Verkäufers, wenn er nachweisen kann, von dem Mangel nichts gewußt zu haben, und unter Anwendung der notwendigen Sorgfalt auch nichts davon hätte wissen können.[197]

Da sich die Haftung lediglich auf versteckte Fehler (*garanzia per vizi occulti*) erstreckt, ist der Verkäufer außerdem von der Haftung befreit, wenn der Käufer zum Zeitpunkt des Vertragsabschlusses den Mangel gekannt hat, oder dieser leicht erkennbar war (Art. 1491 C.c.). Voraussetzung dafür ist, daß der Verkäufer keine Fehlerfreiheit der Sache zugesichert hat.

Der Käufer muß dem Verkäufer gem. Art. 1495, Abs. 1 C.c. den Mangel innerhalb von acht Tagen ab Entdeckung anzeigen, sofern keine andere Frist vereinbart wurde. Bei Beförderung der Ware beginnt die Frist gem. Art. 1511 C.c. mit Ankunft der Sache beim Käufer. Dieser hat dann unmittelbar seinen Untersuchungspflichten im Rahmen der allgemeinen Verkehrssitten nachzukommen. Die Anzeige der Mängel muß schriftlich erfolgen, sofern der Verkäufer die Mängel nicht anerkennt. Außerdem muß sie eine allgemeine Bezeichnung der Mängel enthalten. Wird die Frist nicht eingehalten, besteht kein Gewährleistungs- (Art. 1492 C.c.) oder Schadensersatzanspruch (Art. 1494 C.c.) mehr.[198] Die Verjährung des Gewährleistungsanspruchs tritt innerhalb eines Jahres nach Übergabe der Sache ein (Art. 1495, Abs. 3 C.c.).

Vorschriften über die Gewährleistung sind dispositiv, und können von den Parteien abweichend vereinbart werden. Vereinbarungen, welche die Gewährleistung ausschließen oder beschränken sind jedoch dann unwirksam, wenn der Verkäufer dem Käufer gegenüber die Mängel vorsätzlich oder grob fahrlässig verschwiegen hat (Art. 1490 C.c.).[199] Dabei ist es unwichtig, ob diese Vereinbarungen in Individualverträgen, AGB, Vordrucken oder Formularen aufgeführt sind. Für einfache Fahrlässigkeit sind

---

[196] Von Westphalen, Friedrich (Hrsg.) (1992), S. 627.
[197] Vgl. von Boehmer, Henning (Hrsg.) (1993), S. 250 f.
[198] Vgl. BfAI (Hrsg.) (1996), Geschäftspartner, S. 84 f.
[199] Vgl. ebenda, S. 84 f.

Freizeichnungs- und Begrenzungsklauseln in Individualverträgen zulässig. Sie gelten jedoch als nachteilige Klauseln und sind somit nur wirksam, wenn sie gesondert unterzeichnet werden (vgl. Abschnitte 4.4.3 und 4.4.4.2).

Grundsätzlich steht dem Käufer das Recht auf Wandelung (Art. 1497 C.c.), d.h. auf Auflösung des Vertrags wegen Nichterfüllung, oder auf Minderung (Art. 1492, Abs. 1 C.c.), d.h. auf Herabsetzung des Kaufpreises zu. Den Ersatz der Sache kann er nur verlangen, wenn der Verkäufer die Gebrauchsfähigkeit (*garanzia di buon funzionamento*)[200] garantiert hat. Die Möglichkeit, Reparatur der fehlerhaften Sache zu verlangen, besteht nur in Form eines besonderen Schadensersatzes (*risarcimento in forma specifica*). Dieser kommt zur Anwendung, sofern die Wiederherstellung ganz oder zum Teil möglich ist (Art. 2058 C.c.). Mit dieser Regelung besteht die Verpflichtung des Verkäufers entweder zur Wiederherstellung des früheren Zustands, oder zur Übernahme der gesamten Kosten einer Instandsetzung, sofern dies den Verkäufer nicht unzumutbar belastet (Art. 2058, Abs. 2 C.c.).[201]

Verweigert der italienische Käufer die Annahme, so ist dies i.d.R. auf Mängelrügen zurückzuführen. In einem solchen Fall sollte sich der Verkäufer möglichst unverzüglich um eine gütliche Einigung bemühen. Gelingt ihm dies nicht, sollte die Ware sofort durch ein gerichtliches Beweissicherungsverfahren begutachtet, und der Käufer gleichzeitig durch ein Einschreiben mit Rückschein in Verzug gesetzt werden.

Da die vertragliche Gewährleistung nicht nur dem Zwischenhändler, sondern auch dem Endabnehmer zu wenig Schutz bietet, wurden neben dem Produkthaftgesetz, auf das in Abschnitt 4.4.4.3 eingegangen wird, neuerdings auch einige Modifikationen des Codice civile zum Schutz des Verbrauchers eingeführt. Diese werden im folgenden Abschnitt aufgeführt.

---

[200] Der Anspruch verjährt innerhalb von sechs Monaten ab Entdeckung der fehlenden Gebrauchsfähigkeit.
[201] Vgl. von Westphalen, Friedrich (Hrsg.) (1992), S. 622 ff.

4.4.4.2. Vertraglicher Verbraucherschutz (*protezione del consumatore*)[202]

Der vertragliche Verbraucherschutz wurde bislang lediglich durch die Art. 1341 und 1342 C.c. geregelt. Diese gelten sowohl für Kaufleute, als auch für Nichtkaufleute, und erfordern im Fall des Vertragsschlusses mit Hilfe von Vordrucken eine besondere Bestätigung der nachteiligen Klauseln, ohne jedoch bestimmte Arten von Klauseln zu verbieten.

Um den Endverbraucher besser zu schützen, wurden durch die 1996 durchgeführte Umsetzung von EU-Normen die Art. 1469 ff. C.c. neu eingeführt, welche sich speziell auf die Beziehungen zwischen Unternehmern und privaten Endabnehmern beziehen.

Durch den Art. 1469 C.c. wurden Anzahl und Typologie der nachteiligen Klauseln u.a. durch das Hinzufügen 20 verschiedener unwirksamer Klauseltypen erhöht, so daß ein großer Teil der verwendeten italienischen Standardverträge überprüft werden muß. Unter den Begriff der nachteiligen Klauseln fallen demnach gem. Art. 1469 C.c. u.a. Klauseln mit folgendem Inhalt:

(1) Begrenzung der Verantwortlichkeit im Falle des Personenschadens an der Person des Verbrauchers;

(2) Begrenzung der rechtlichen Mittel des Verbrauchers;

(3) Verbot der Aufrechnung;

(4) Ausschluß einiger Ausnahmen;

(5) Zahlung von Strafgeldern, falls einseitig;

(6) Rücktrittsrechte oder Rechte, die vertragliche Wirkungen aussetzen, die nur dem Unternehmer zustehen;

(7) Zulassung einseitiger Modifikationen der Verkaufsbedingungen, Lieferbedingungen;

(8) Preisänderungen durch den Unternehmer ohne Rücktrittsrecht des Verbrauchers.

Generell zählen alle Klauseln dazu, die ein erhebliches Ungleichgewicht zwischen Unternehmer und Verbraucher beinhalten, selbst wenn sie nicht ausdrücklich aufgeführt sind.

---

[202] Vgl. Sinisi, Vicenzo; Buhr-Jurato, Julia (1996), S. 24 f.

Unter die neu eingeführten immer unwirksamen Klauseln fallen solche, die im Falle des - vom Unternehmer durch eine Handlung oder Unterlassung verursachten - Todes oder körperlichen Schadens des Verbrauchers, die Verantwortlichkeit des Unternehmers ausschließen oder begrenzen;

(1) im Falle der ganzen oder teilweisen Nichterfüllung oder ungenauen Erfüllung durch den Unternehmer, die rechtlichen Mittel des Verbrauchers ausschließen oder begrenzen;

(2) die Bestätigung des Verbrauchers auf Klauseln ausweitet, die dieser vor Vertragsabschluß nicht einsehen konnte.

Zwar bieten diese neuen Regelungen bereits einen größeren Schutz des Endverbrauchers als dies früher der Fall war, allerdings kann sich dieser trotz allem i.d.R. nur an den Händler halten, mit dem er den Vertrag geschlossen hat. Kann dieser bei der Haftung auf den Hersteller verweisen, kann es unter Umständen für den Kunden schwierig sein, zu seinem Recht zu kommen, besonders wenn der Hersteller seinen Sitz im Ausland hat. Gelingt es dem Händler nicht, dem Hersteller die Haftungspflicht zu beweisen, ist er im Rahmen der Vertragshaftung der alleinige Träger des Schadensersatzes. Um diese Ungerechtigkeiten zu vermeiden, wurden die EG-Richtlinien zur Produkthaftung in Italien umgesetzt.

4.4.4.3. Produzentenhaftung (*responsabilità del producente*)

Die EG-Richtlinie 85/374 EWG zur Produkthaftung wurde 1988 weitestgehend vom italienischen Gesetzgeber umgesetzt, und ist am 30.07.1988 in Kraft getreten. Trotzdem enthält das italienische Produkthaftgesetz (PHG) einige spezielle, von der Rechtstradition und von politischen Erwägungen herstammende Elemente, auf die in diesem Abschnitt eingegangen wird.

Die Produzenten- oder auch Produkthaftung bezeichnet die „[...] zivilrechtliche Haftung desjenigen [...], der Erzeugnisse herstellt und/oder in den Verkehr bringt, und zwar für Folgeschäden, die ein nicht in einem unmittelbaren Vertragsverhältnis mit dem Hersteller stehender Dritter aus der Benutzung fehlerhafter Erzeugnisse erleidet."[203]. Sie stellt eine Gefährdungshaftung, d.h. eine verschuldensunabhängige Haftung für fehlerhafte Produkte dar.

Da Deutschland ebenso wie Italien die EG-Richtlinie umgesetzt hat, entsprechen sich die beiden Produkthaftrechte bis auf wenige Besonderheiten.

Grundsätzlich haftet der Hersteller, der Anscheinhersteller oder der Importeur des fehlerhaften Produktes. Können diese nicht festgestellt werden, haftet außerdem jeder Unternehmer, der das Produkt im Rahmen seiner geschäftlichen Tätigkeit in den Verkehr gebracht hat, sofern er dem Geschädigten nicht innerhalb von drei Monaten[204] ab dessen Anfrage den Namen und den Wohnsitz des Herstellers, Importeurs oder Vorlieferanten nennt.

Die Haftung erfaßt keine Fehler am Produkt selbst, sondern Personen- und Sachschäden, die durch den Produktfehler verursacht wurden (Art. 1 PHG). Ein Produktfehler liegt gem. Art. 5 PHG vor, wenn das entsprechende Produkt „[...] nicht die Sicherheit bietet, die man unter Berücksichtigung aller Umstände erwarten kann."[205].

Diese Regelung gilt prinzipiell für die sog. Konstruktionsfehler. Der italienische Gesetzgeber hat darüber hinaus in Art. 5, Abs. 3 die Haftung bei sog. Fabrikationsfehlern festgelegt. Dabei handelt es sich um Mängel, „[...] die ein einziges Exemplar einer ansonsten mängelfreien Serie betreffen."[206]. Somit handelt es sich um einen Produktfehler, wenn das Produkt nicht dieselbe Sicherheit wie die anderen Exemplare einer Serie bietet. Das italienische PHG legt damit die Regeln der Gefährdungshaftung strenger aus, als es in der Richtlinie vorgesehen war.

Der Umfang der Haftung bei Personenschäden ist unbegrenzt, wogegen Folgeschäden von Sachmängeln nur ersetzt werden, wenn sie mehr als 750.000 Lire betragen und die beschädigte Sache nur zum Privatgebrauch verwendet wurde. Für geringere Schäden werden die generellen Vorschriften der Art. 2043 ff. angewendet.

Immaterielle Schäden, wie zum Beispiel Schmerzensgeld können nur gem. Art. 2059 C.c. geltend gemacht werden, d.h. wenn sie nach dem Zivilrecht mit einem Straftatbestand einhergehen.[207]

---

[203] Von Boehmer, Henning (Hrsg.) (1993), S. 250.
[204] Unter bestimmten Voraussetzungen ist eine Fristverlängerung gem. Art. 4 PHG um weitere drei Monate möglich.
[205] Von Boehmer, Henning (Hrsg.) (1993), S. 255.
[206] Ebenda, S. 257.
[207] Vgl. ebenda, S. 262 ff.

Da sich der italienische Gesetzgeber wie der Großteil der EU-Staaten für die Aufnahme des Entwicklungsrisikos als Befreiungstatbestand entschieden hat, muß in diesem Zusammenhang nochmals auf die italienischen Rechtsvorschriften zum Eigentumsübergang (vgl. Abschnitt 4.3) hingewiesen werden. Das hat in diesem Fall zur Folge, daß sich das Produkt im Grenzfall zwar bereits im Eigentum des Käufers befinden kann, aber sich dennoch nicht im Verkehr befindet. Art. 7 PHG besagt nämlich, daß ein Produkt in Verkehr gebracht wird, „[...] wenn es dem Erwerber, dem Verbraucher oder einem Mitarbeiter geliefert wird, oder aber auch durch Übergabe des Produktes an das Transportunternehmen [...]"[208].

Die Vorschriften zu den Beweislasten des Geschädigten und des Produzenten entsprechen weitgehend denen des deutschen PHG. Es besteht für den italienischen Richter lediglich die Möglichkeit, die Kosten eines notwendigen Sachverständigengutachtens dem Hersteller aufzuerlegen, sofern er annimmt, daß der Schaden durch einen Produktfehler verursacht wurde (Art. 2697 C.c. Generalprinzip der Beweislast).

Ist der Geschädigte mitschuldig an der Entstehung des Schadens, so findet eine Schadensteilung gem. Art. 1227 C.c. statt. Ein Mitverschulden des Geschädigten liegt zum Beispiel vor, wenn der Geschädigte die Gebrauchsanweisung nicht beachtet hat. Die Ersatzpflicht des Herstellers richtet sich dabei nach der Schwere seines Verschuldens. Hätte er unter Ausübung der gewöhnlichen Sorgfalt den Schaden vermeiden können, so ist der Hersteller nicht zum Ersatz verpflichtet.[209]
Die Haftung kann gem. Art. 12 PHG nicht durch Haftungsbeschränkungsklauseln begrenzt oder ausgeschlossen werden.

Die Ersatzansprüche aus der Produkthaftung verjähren innerhalb von drei Jahren ab Kenntnis des Schadens, des Fehlers und des Haftenden. Handelt es sich um einen schwerwiegenden Schaden, der einen Rechtsstreit ermöglichen würde, so beginnt die Frist an dem Tag, an dem der Geschädigte von dem Schaden Kenntnis gehabt hat, oder hätte haben können.

---

[208] Von Boehmer, Henning (Hrsg.) (1993), S. 260.
[209] Vgl. BfAI (Hrsg.) (1996), Geschäftspartner, S. 88 f..

Daneben besteht eine Ausschlußfrist von 10 Jahren, die zu dem Zeitpunkt beginnt, an dem das Produkt in Verkehr gebracht wurde.[210]

Dem Produzenten oder sonstigen für die Haftung in Frage kommenden Unternehmen ist daher zu empfehlen, stets eine genaue Produktdokumentation zu führen, bei der Vertragsgestaltung auf eine Absicherung der Inanspruchnahme gegenüber ausländischen Erzeugern zu achten und alle Daten genauestens zu erfassen.[211]

4.4.5. Rechtsverfolgung

Bei der Durchsetzung von Rechten und Forderungen gegenüber ausländischen Geschäftspartnern, kann es unter Umständen zu Schwierigkeiten kommen.
Die Grundlage der Rechtsverfolgung im deutsch-italienischen Geschäftsverkehr wird hauptsächlich durch folgende internationale Vereinbarungen gelegt:

- das Übereinkommen der EG über die gerichtliche Zuständigkeit und die Vollstreckung gerichtlicher Entscheidungen in Zivil- und Handelssachen (EuGVÜ) (1968),
- das Übereinkommen zur Beilegung von Investitionsstreitigkeiten zwischen Staaten und Angehörigen anderer Staaten (1965),
- das New Yorker Übereinkommen über die Anerkennung und Vollstreckung ausländischer Schiedssprüche (1958) und
- das Europäische Übereinkommen über die internationale Handelsschiedsgerichtsbarkeit.[212]

Können Streitigkeiten nicht auf gütlichem Wege beigelegt werden, bieten zunächst die deutschen Auslandsvertretungen, die deutsche Botschaft in Rom, die Generalkonsulate und - bei Handelsgeschäften - die DIHK in Mailand ihre Hilfe an. Bleiben diese Vermittlungsversuche ebenfalls erfolglos, muß entsprechend der oben aufgeführten Grundlagen zwischen der gerichtlichen und der außergerichtlichen Rechtsverfolgung unterschieden werden.

---

[210] Vgl. BfAI (Hrsg.) (1995), Rechtstips, S. 31.
[211] Vgl. BfAI (Hrsg.) (1996), Geschäftspartner, S. 88 f..
[212] Vgl. ebenda, S. 86.

4.4.5.1. Gerichtliche Rechtsverfolgung

Grundsätzlich besagt das EuGVÜ, daß Personen mit Wohnsitz in einem Vertragsstaat unabhängig von der Staatsangehörigkeit vor den Gerichten eben diesen Staates verklagt werden müssen. Von dieser Regelung gibt es jedoch einige wichtige Ausnahmen. Ist zum Beispiel die Gültigkeit des Vertrages oder der Anspruch aus dem Vertrag Gegenstand des Verfahrens, so ist das Gericht des Ortes zuständig, an dem die Verpflichtung zu erfüllen war oder gewesen wäre.

Grundsätzlich ist bei einem Rechtsstreit mit Schwierigkeiten zu rechnen, wenn die Zuständigkeit für vertragliche Ansprüche an den Erfüllungsort geknüpft ist, da sich italienische Gerichte bereits in solchen Fällen für zuständig halten, in denen eine beliebige Vertragspflicht, ungeachtet ob es sich um die umstrittene handelt, in Italien zu erfüllen ist. [213]

Selbst wenn für die Entscheidung in der Hauptsache die Gerichte eines anderen Vertragsstaates zuständig sind, können einstweilige Maßnahmen trotz allem von italienischen Gerichten verhängt werden. Bis zu einem Streitwert von 10 Mio. Lire sind die sog. Bezirksgerichte (Amtsgerichte) zuständig. An diesen, wie auch an den Land- und Oberlandesgerichten können die *avvocati* (Rechtsberater) tätig werden. Bei Zivilprozessen vor diesen Gerichten besteht jedoch ein Procuratorenzwang. Das bedeutet, daß der Kläger hier entweder durch einen *procuratore* (Prozeßvertreter) oder einen *avvocato*, der gleichzeitig auch *procuratore* ist, vertreten werden muß. [214]

Für die Prozeßkosten hat grundsätzlich der unterliegende Teil einzustehen. Zu den Kosten gehören neben den Gerichtskosten auch die Anwaltskosten der Gegenpartei. Eine Festsetzung der Anwaltskosten gemäß dem Streitwert ist nach italienischem Recht unbekannt. Die Kosten werden vom Gericht gleichzeitig mit dem Urteil festgesetzt. [215]

Gelangt eine der Parteien zu einem Vollstreckungstitel, so kann sie die Vollstreckung daraus beantragen. Als vollstreckbare Titel gelten in Italien rechtskräftige Urteile, Mahnbescheide (*decreti ingiuntivi*) vorläufig vollstreckbare Urteile oder Mahnbescheide, in Italien ausgestellte Schecks und Wechsel (zur Vollstreckung deutscher

---

[213] Vgl. CMA (Hrsg.) (1994), Exportmerkblätter, S. 27 ff..
[214] Vgl. ebenda.
[215] Vgl. BfAI (Hrsg.) (1996), S. 86 ff..

Wechsel vgl. auch Abschnitt 4.4.1.3) sowie notariell beglaubigte Urkunden, die eine Schuld verbriefen. Mit der Ausnahme von Schecks und Wechseln werden diese Titel auf Antrag von der Geschäftsstelle des Gerichts mit der Vollstreckungsklausel versehen.[216]

Soll ein in Deutschland erstrittener Titel in Italien gem. EuGVÜ vollstreckt werden, ist zunächst ein Antrag auf Anerkennung und Vollstreckung beim zuständigen *Corte d'Appello* (Berufungsgerichtshof) zu stellen. Dem Antrag müssen das Urteil mit beglaubigter Übersetzung, die Erklärung der Vollstreckbarkeit und der Zustellungsnachweis sowie (bei Versäumnisurteilen) das den Rechtsstreit einleitende Schriftstück mit Zustellungsnachweis beigelegt werden. Wenn es sich um einen schuldrechtlichen Anspruch aus einer zivil- oder handelsrechtlichen Angelegenheit handelt, der von einem deutschen Gericht für vorläufig vollstreckbar oder für rechtskräftig erklärt wurde, erläßt das italienische Gericht nach Prüfung der Voraussetzungen für die Anerkennung seine Entscheidung nach einem vereinfachten Verfahren, ohne Anhörung des Beklagten, sofern die Entscheidung nicht gegen den italienischen *ordre public* verstößt.[217]

Für die Anerkennung von Entscheidungen außerhalb des Geltungsbereiches des EuGVÜ (zum Beispiel Konkurs), findet vor dem *Corte d'Appello* ein relativ langwieriges Delibationsverfahren statt. Darunter ist ein ordentliches Verfahren zu verstehen, zu dem auch die Gegenpartei angehört wird. Die Wirksamkeit der deutschen Gerichtsentscheidung wird ohne Prüfung der Sache selbst unter Vorliegen der folgenden in Art. 797 des *Codice di procedura civile* (C.p.c. = Zivilprozeßordnung) aufgeführten Voraussetzungen erklärt: „[...]

(1) die Zuständigkeit des ausländischen Gerichts;

(2) die Ordungsmäßigkeit der Zustellung nach den Bestimmungen des ausländischen Gesetzes, die Angemessenheit der Einlassungsfrist;

(3) die Ordnungsmäßigkeit der Einlassung oder der Säumniserklärung nach den ausländischen Bestimmungen;

(4) die Rechtskraft des Urteils nach den ausländischen Bestimmungen;

---

[216] Vgl. von Boehmer, Henning (Hrsg.) (1993), S. 376 ff..

[217] Vgl. von Boehmer, Henning (Hrsg.) (1993), S. 376 ff.. und CMA (Hrsg.) (1994), Exportmerkblätter, S. 27 ff..

(5)keine Unvereinbarkeit der Entscheidung mit einem von einem italienischen Gericht bereits erlassenen Urteil;

(6)keine Rechtshängigkeit derselben Sache vor einem italienischen Gericht;

(7)kein Verstoß gegen den italienischen ordre public.“[218].

Eine weitere Möglichkeit für den Gläubiger, einen Vollstreckungstitel zu erlangen, besteht in einer besonderen Verfahrensform des italienischen Verfahrensrechts, die aus Elementen des Mahnverfahrens und des Urkundenprozesses besteht. Kann ein zivilrechtlicher Anspruch durch die Vorlage schriftlicher Unterlagen oder durch ein Schuldanerkenntnis des Schuldners bewiesen werden, so kann der Gläubiger gem. Art. 633 ff. C.p.c. vor dem nach dem Streitwert zuständigen Gericht einen Mahnbescheid gegen einen in Italien wohnhaften Schuldner beantragen. Dieser Bescheid wird i.d.R. binnen zwei bis vier Wochen ohne Anhörung des Beklagten erlassen und dem Schuldner durch den Gläubiger zugestellt. Wenn der Schuldner nicht innerhalb von 20 Tagen weder Widerspruch erhebt, wodurch ein ordentliches Verfahren eingeleitet würde, noch zahlt, wird der Zahlungsbefehl für vollstreckbar erklärt, sofern der Gläubiger dies beantragt und den Mahnbescheid gebührenpflichtig registrieren läßt.[219]

Grundsätzlich ist es für einen deutschen Exporteur jedoch immer günstiger, den Gerichtsstand vertraglich in Deutschland festzulegen. Einerseits, da er mit deutschem Recht besser vertraut ist, andererseits aber auch, da ein Rechtsstreit in Italien wesentlich länger dauern kann. Ein Rechtsstreit über zwei Instanzen kann sich in Italien unter Umständen bis zu 10 Jahren hinziehen. Sollte es dennoch zur Zuständigkeit eines italienischen Gerichts kommen, ist dem deutschen Unternehmer dringend zu empfehlen, Rechtsrat bei einem italienischen oder einem im deutsch-italienischen Rechtsverkehr erfahrenen deutschen Anwaltsbüro einzuholen, da es äußerst wichtig ist, daß sich der Berater in den Denkansätzen beider Rechtsordnungen zurechtfindet.

Als Alternative zur gerichtlichen Rechtsverfolgung hat die DIHK in Mailand durch die Aufstellung einer Schiedsgerichtsordnung eine Möglichkeit geschaffen, einer prozessualen Behandlung von Streitfällen aus dem Weg zu gehen.

---

[218] Von Boehmer, Henning (Hrsg.) (1993), S. 378.
[219] Vgl. CMA (Hrsg.) (1994), Exportmerkblätter, S. 29 f..

4.4.5.2. Außergerichtliche Rechtsverfolgung (Schiedsgerichtsbarkeit)

Am 05.01.1994 hat Italien mit dem Gesetz Nr. 25 das schiedsgerichtliche Verfahren in Teilen modifiziert und neue Bestimmungen über die italienische Schiedsgerichtsbarkeit in die Zivilprozeßordnung (Art. 806 ff. C.p.c.) aufgenommen.

Prinzipiell könnten die Parteien laut Gesetz die Anwendung eines ausländischen Prozeßrechts für ein Schiedsgericht mit Sitz in Italien vereinbaren, sofern dessen Vorschriften nicht gegen den *ordre public* verstoßen. Es ist jedoch davon abzuraten, da der Schiedsspruch unter Umständen weder als italienischer, noch als zum Beispiel deutscher Schiedsspruch anerkannt würde. Auch eine Schiedsvereinbarung, welche die Art. 806 ff. C.p.c. zugrunde legt, aber für den Verfahrensablauf ein ausländisches Prozeßrecht bestimmt, wäre durchaus rechtens gem. Art. 816, Abs. 1 C.p.c.. In diesem Fall könnte der Schiedsspruch jedoch als *lodo non nazionale* (nicht italienischer Schiedsspruch) betrachtet, und somit nur aufgrund des New Yorker Übereinkommens anerkannt werden. Aufgrund der Schwierigkeiten, die sich aus einer derartigen Abgrenzung ergeben könnten, sollte man sich daher bei Schiedsgerichten mit Sitz in Italien nach dem dortigen Prozeßrecht richten, da somit das Verfahren mit einem in Italien anerkannten Schiedsspruch endet.[220]

Dem C.p.c. zufolge muß der Schiedsvertrag im Rahmen des *arbitrato rituale* (ordentliches Schiedsverfahren) zwingend schriftlich vereinbart werden. Die Vereinbarungen müssen innerhalb eines Vertrages oder einer gesonderten Urkunde getroffen werden, welche auch per Fernschreiber oder Fax übermittelt werden können (Art. 807 f. C.p.c.). Gegenstand des Schiedsverfahrens können alle wirtschaftsrechtlichen Streitigkeiten sein, mit Ausnahme von Rechtsstreitigkeiten über Patente, kartellrechtliche Fragen und handelsvertreterrechtliche Probleme, falls der Handelsvertreter eine natürliche Person ist.[221]

Die Parteien können einen oder mehrere Schiedsrichter ernennen. Ihre Anzahl sollte jedoch ungerade sein. Ist sie das nicht, bestimmt der Präsident des Landgerichtes (*tribunale*) einen weiteren Richter. Falls keine Schiedsrichter von den Parteien ernannt

---

[220] Vgl. von Boehmer, Henning (Hrsg.) (1993), S. 387 f..
[221] Vgl. ebenda, S. 390.

werden und sich die Parteien nicht über die Ernennung einigen können, werden vom Präsidenten des Gerichtes drei Schiedsrichter eingesetzt (Art. 809 C.p.c.).[222] Die Schiedsrichter können sowohl Italiener als auch ausländische Staatsangehörige sein (Art. 812 C.p.c.). Sie müssen die Annahme des Amtes schriftlich erklären, zum Beispiel durch Unterzeichnung des Schiedsvertrags. Wird der Schiedsspruch nicht innerhalb der vorgesehenen Frist (gesetzlich festgelegt 180 Tage, ansonsten nach Vereinbarung) gefällt, so sind die Schiedsrichter schadenersatzpflichtig. Eine einmalige Fristverlängerung um 180 Tage ist jedoch zulässig, wenn das Verfahren eine umfangreiche Beweisaufnahme erfordert. Desweiteren besteht die Möglichkeit, einen Richter bei Handlungsverzug zu ersetzen. Dazu muß 15 Tage nach Mahnung ein Antrag der Parteien beim Präsidenten des Landgerichtes gestellt werden.[223]

Das Schiedsverfahren sollte von den Parteien durch den Schiedsvertrag oder ein gesondertes Schriftstück geregelt werden. Wurden keine Vereinbarungen getroffen, liegt der Verfahrensablauf im Ermessen der Schiedsrichter. Bei internationalen Schiedsgerichten kann die Beratung der Schiedsrichter sowohl persönlich, als auch in Videokonferenzen stattfinden (Art. 837 C.p.c.).

Gegen den Schiedsspruch können als Rechtsmittel lediglich die Anfechtung wegen Nichtigkeit, die Wiederaufnahme des Verfahrens oder der Einspruch eines Dritten geltend gemacht werden (Art. 827 ff. C.p.c.), wobei die Art. 829, Abs. 2, Art. 830, Abs. 2 und Art. 831 C.p.c. auf internationale Schiedsgerichte keine Anwendung finden, sofern nichts anderes vereinbart wurde.[224]

Nach einer Überprüfung auf die formale Ordnungsmäßigkeit des Schiedsspruchs wird dieser von dem Richter, bei dem er hinterlegt wurde, für vollstreckbar erklärt. Die Vollstreckung kann damit nach den in Abschnitt 4.4.5.1 beschriebenen Regeln stattfinden.

Zur Geltendmachung ausländischer Schiedssprüche muß zunächst gem. Art. 839 C.p.c. ein Antrag beim *Corte d'Appello* des Ortes gestellt werden, in dem die andere Partei ihren Wohnsitz hat. Dem Antrag sollten die Originale oder beglaubigte Kopien des

---

[222] Vgl. BfAI (Hrsg.) (1994), Rechtsdokument Schiedsgerichtsbarkeit.
[223] Vgl. CMA (Hrsg.) (1994), Exportmerkblätter, S. 29 f..
[224] Vgl. BfAI (Hrsg.) (1994), Rechtsdokument Schiedsgerichtsbarkeit.

Schiedsspruches und der Schiedsgerichtsvereinbarung beigelegt werden. Sind diese nicht in italienischer Sprache verfaßt, sollte zusätzlich eine beglaubigte Übersetzung beigefügt werden. Nach Überprüfung der formalen Ordnungsmäßigkeit wird der Schiedsspruch für vollstreckbar erklärt, sofern er nicht gegen den *ordre public* verstößt oder der Gegenstand des Rechtsstreits nicht schiedsgerichtsfähig ist.[225]

Neben dem *arbitrato rituale*, das sich auf die Art. 806-840 des *Codice di procedura civile* stützt, existiert im italienischen Recht zusätzlich das *arbitrato irrituale* oder auch *arbitrato libero* (freies Schiedsverfahren), das seine Rechtsgrundlage in den Art. 1322 ff. des *Codice civile* hat. Letzteres ist - im Gegensatz zur Ausrichtung auf ein staatliches Urteil des *arbitrato rituale* - auf eine rein vertragsgestaltende Entscheidung gerichtet, die keine Urteilswirkung hat. Sie kann somit keinen Vollstreckbarkeitstitel erlangen, und stellt demzufolge auch keinen Schiedsspruch gemäß der internationalen Übereinkommen dar. Das Schiedsverfahren wird frei von den Parteien geregelt, ohne daß die formellen Erfordernisse der Zivilprozeßordnung zu tragen kommen. Die Vereinbarung des *arbitrato libero* ist formfrei, sollte jedoch aus Beweisgründen ebenfalls schriftlich erfolgen.

Der Schiedsspruch steht einem ordentlichen Schiedsspruch, der nicht gerichtlich für vollstreckbar erklärt wurde, gleich. Die vertragliche Bindungswirkung ermächtigt die jeweils begünstigte Partei jedoch, die andere Partei wegen vertraglicher Nichterfüllung zu verklagen, falls diese ihren Verpflichtungen nicht nachkommt.

Ein freier Schiedsspruch kann nur außer Kraft gesetzt werden, wenn die sich beschwerende Partei Nichtigkeit oder Anfechtbarkeit des Schiedsspruchs in seiner rechtlichen Form als Vertrag geltend machen kann.[226]

Deutschen Unternehmern ist die Vereinbarung eines freien Schiedsverfahrens nicht zu empfehlen, da sie i.d.R. weder die rechtlichen Grundlagen, noch die in Italien übliche Praxis dieses Verfahrens kennen. Zudem stellt ein vollstreckbarer Titel eine größere Sicherheit dar als eine Entscheidung mit vertraglicher Wirkung. Bei der Vereinbarung eines Schiedsverfahrens sollte daher explizit das ordentliche Verfahren vereinbart werden. Dabei sollte man darauf achten, daß zusätzlich die betreffenden Rechtsnormen (Art. 806-840 C.p.c.) aufgeführt werden. Zudem sollte dem Schiedsgericht nicht

---

[225] Vgl. BfAI (Hrsg.) (1994), Rechtsdokument Schiedsgerichtsbarkeit.

bereits in der Vereinbarung „[...] das Recht eingeräumt werden, den Rechtsstreit notfalls auch vergleichsweise zu beenden, da eine solche Formulierung dazu führen kann, daß die Schiedsrichter aus italienischer Rechtssicht zu der Auffassung kommen, daß die Parteien ein „freies" Schiedsverfahren wollten."[227].

4.4.6. Handelsvertreterrecht (*diritto dell'agente*)

Die Grundlage des italienischen Handelsvertreterrechts bilden die Regelungen des *Codice civile* zusammen mit einer Vielzahl von *Accordi Economici Collettivi* (AEC = sog. Kollektivverträge). Offiziell wurde die EG-Richtlinie 86/653/EWG über selbständige Handelsvertreter per Gesetzesdekret Nr. 303 vom 10.09.1991 umgesetzt, was normalerweise dazu führen müßte, daß die ehemaligen Rechtsquellen zumindest in den Punkten ihre Gültigkeit verlieren müßten, in denen sie dem Dekret widersprechen. Tatsächlich wurde zwar das dort festgesetzte Gedankengut übernommen; die Umsetzung erfolgt jedoch nicht immer richtlinienkonform.[228]

Im C.c. ist das Recht des Handelsvertreters über die Bestimmungen des *contratto di agenzia* (Agenturvertrag) in den Art. 1742 ff. geregelt. Die AEC, die mit den deutschen Tarifverträgen vergleichbar sind, sind zwischen den Vereinigungen der Geschäftsherren und der Handelsvertreter ausgehandelte Verträge. Da sie normal nur zwischen den Mitgliedern der beteiligten Verbände Geltung haben, dürften sie auf Vertragsverhältnisse zwischen einem ausländischen Geschäftsherrn und einem italienischen Handelsvertreter keine Anwendung finden. Da aber einige dieser Verträge als allgemeinverbindlich in den Gesetzesrang erhoben wurden, und auch abgesehen davon in der Praxis von italienischen Richtern angewendet werden, unterliegen Verträge zwischen einem deutschen Unternehmer und einem italienischen Handelsvertreter insbesondere dann den AEC, wenn das Unternehmen in Italien über einen Sitz oder eine vergleichbare Struktur verfügt.[229]

Grundsätzlich ähnelt die Rechtslage jedoch den deutschen Vorschriften. Sie ist lediglich durch das italienische Recht weniger ausführlich, und in Detailfragen verstärkt durch die Kollektivverträge geregelt.

---

[226] Vgl. von Boehmer (Hrsg.) (1993), S. 387 ff..
[227] Ebenda, S. 394.
[228] Vgl. BfAI (Hrsg.) (1995), Rechtstips, S. 38 ff..

Als schwierig gestaltet sich die Abgrenzung des freien Handelsvertreters vom abhängigen Handelsreisenden, was zum Beispiel bei der Rechtsnatur von Abfindungsansprüchen relevant ist. Als Handelsvertreter gilt gem. Art. 1742 C.c., wer ständig von einem oder mehreren Unternehmen mit der Förderung oder dem Abschluß von Vertragsabschlüssen in einem oder mehreren Bezirken beauftragt ist. Als Hauptkriterium wird dabei das Kriterium der Selbständigkeit angesehen. Zudem wird betrachtet, ob er in der Praxis nur zur Vermittlung (*rappresentante*), oder auch zum Abschluß von Geschäften (*agente di rappresentanza*) befugt ist.

Der Handelsvertreter genießt Gebietsschutz, d.h. daß ein Unternehmer nicht mehrere Handelsvertreter im selben Gebiet beauftragen darf (Art. 1743 C.c.). Dafür darf der Handelsvertreter seinerseits nicht mehrere Unternehmen in einem Gebiet vertreten.[230]

Jeder Handelsvertreter ist verpflichtet, sich in ein dafür vorgesehenes Register einzutragen. Ein Vertrag mit einem nicht registrierten Vertreter ist nichtig, was i.d.R. zur Folge hat, daß dieser keine Ansprüche mehr gegenüber dem Geschäftsherrn hat, wobei insbesondere die unteren Gerichte zum Schutz des Handelsvertreters unter Umständen auch gegenteilig entscheiden. Die Registrierungspflicht besteht dabei ebenso für deutsche Handelsvertreter, sofern diese ihre Tätigkeit in Italien ausüben und dort auch ihren ständigen Aufenthalt haben.[231] Die Staatsangehörigkeit des Handelsvertreters ist generell bedeutungslos. Lediglich bei fehlender Rechtswahl kann sie unter Umständen relevant werden.

Der Handelsvertretervertrag unterliegt keinen Formvorschriften. Eine schriftliche Festlegung des Vertrages ist zwar zu empfehlen; er kann jedoch auch mündlich vereinbart werden oder sich aus den Umständen ergeben. Zur Klarstellung der Vertragsinhalte kann außerdem jede der Vertragsparteien eine von der anderen Partei unterzeichnete Urkunde verlangen.

Der Vertrag sollte möglichst alle wesentlichen wirtschaftlichen Bestimmungen regeln. Dazu gehören „[...] Vertragsgebiet und -produkt, Höhe der Provision, Untervertreter, Lagerhaltung, Serviceleistungen, Delcredere, Teilnahme an Messen, Werbematerial, Inkassovollmacht, Abtretungsverbot, Kündigungsfristen und gegebenenfalls die Ver-

---

[229] Vgl. BfAI (Hrsg.) (1996), Geschäftspartner, S. 92 ff.
[230] Vgl. CMA (Hrsg.) (1994), Exportmerkblätter, S. 32 f.
[231] Vgl. von Boehmer, Henning (Hrsg.) (1993), S. 70 ff.

tragsdauer [...]"[232]. Grundsätzlich besteht bezüglich dieser Punkte Vertragsfreiheit. Lediglich Abfertigungsansprüche, bzw. Ausgleichszahlungen und Kündigungsfristen unterliegen den Mindestbedingungen der jeweiligen Kollektivverträge. Zusätzlich sollte der Vertrag auch rechtliche Aspekte, wie anwendbares Recht, Gerichtsstand u.ä. enthalten.

Gemäß italienischem Recht verfügt der Handelsvertreter grundsätzlich nicht über eine Abschlußvollmacht für Verträge. Wird dies vom Geschäftsherrn gewünscht, so muß die Vollmacht ausdrücklich erteilt werden, wobei sich eine schriftliche Erteilung zur Vermeidung von Unsicherheiten empfehlen würde. Zudem ist es in der Praxis üblich, sehr ausführliche schriftliche Vollmachten von Dritten zu verlangen. Ein vom Handelsvertreter ohne Vollmacht geschlossener Vertrag kann nachträglich vom Geschäftsherrn genehmigt werden. Liegen keine anders lautenden Vertragsvereinbarungen vor, so verfügt der Handelsvertreter auch nicht über eine Inkassovollmacht, was zur Folge hat, daß die Leistung des Kunden nur direkt an den Geschäftsherrn eine befreiende Wirkung hat. Somit ist auch nur dieser befugt, abweichende Zahlungsvereinbarungen zu gewähren. Andererseits können dem Handelsvertreter gegenüber rechtswirksame Erklärungen für den Geschäftsherrn gemacht werden. Da dies dem Geschäftsherrn unter Umständen zum Nachteil geraten kann, falls der Handelsvertreter ihn nicht rechtzeitig informiert, sollte bei der Auftragserteilung schriftlich darauf hingewiesen werden, daß diesbezügliche Erklärungen nur diesem gegenüber zu erteilen sind.[233]

Die Handelsvertreterprovision ist bezüglich der Höhe, der Berechnungsgrundlage und der Fälligkeit frei vereinbar. Barzahlungsrabatte oder Nebenkosten (zum Beispiel Frachtgebühr, Verpackungskosten etc.) werden i.d.R. nicht berücksichtigt. Wurde ein Exklusivvertrag für ein bestimmtes Gebiet vereinbart, so hat der Handelsvertreter grundsätzlich auch Anspruch auf Provisionszahlungen aus Direktgeschäften des Geschäftsherrn. Selbst für Geschäfte, die erst nach Beendigung des Vertragsverhältnisses abgeschlossen wurden, steht dem Handelsvertreter ein gesetzlicher Provisionsanspruch zu, sofern der Geschäftsabschluß zum überwiegenden Teil auf dessen Tätigkeit zurückzuführen ist. Um seine Provisionsansprüche nachprüfen zu können, steht dem Handelsvertreter außerdem das Recht zu, Einblick in die Geschäftsunterlagen zu neh-

---

[232] Vgl. von Boehmer, Henning (Hrsg.) (1993), S. 79.

men, sofern sie seine Provisionsansprüche betreffen (Art. 1748, Abs. 5 C.c.). Die Haftung des Vertreters darf nicht mehr als 15% des vom Unternehmen erlittenen Schadens betragen.[234]

Der Unternehmer muß dem Handelsvertreter alle notwendigen Unterlagen über das betreffende Produkt, sowie alle zur Durchführung seiner Aufgaben notwendigen Informationen zur Verfügung stellen. Außerdem muß er den Vertreter in angemessener Zeit von Annahme, Ablehnung, Nichtausführung oder Umfangsänderungen der vermittelten Geschäfte informieren. Der Vertreter muß seinerseits den Geschäftsherrn über die Marktverhältnisse, die Kreditwürdigkeit einzelner Kunden u.ä. unterrichten.[235]

Der Großteil der Handelsvertreterverträge wird auf unbefristete Zeit abgeschlossen, und kann von beiden Parteien durch entsprechende Willenserklärungen unter Einhaltung der vereinbarten Kündigungsfristen gekündigt werden. Die Fristen dürfen die in den Kollektivverträgen festgesetzten Mindestzeiten (Industrieunternehmen mindestens vier, Handelsunternehmen mindestens drei Monate) trotz der kürzeren Fristen gem. Art. 15 der EG-Richtlinie nicht unterschreiten. Ein Vertrag, der auf eine bestimmte Dauer abgeschlossen wurde, wandelt sich automatisch in einen unbefristeten Vertrag um, wenn er von den Parteien - zum Beispiel durch einen weiteren befristeten Vertrag - fortgesetzt wird (Art. 1750, Abs. 1 C.c.). Die gesetzlichen Kündigungsfristen (*termini di preavviso*) betragen einen Monat für das erste Vertragsjahr, zwei Monate für das zweite usw., bis zu sechs Monate für das sechste und alle weiteren Vertragsjahre. Die Kündigung muß ohne anders lautende Vereinbarungen zum Ende des Kalendermonats erfolgen. Die Fristen können gem. Art. 1751 C.c. verlängert, aber nicht verkürzt werden; wobei die Frist, die der Geschäftsherr einzuhalten hat, nicht die Kündigungsfrist des Handelsvertreters unterschreiten darf.

Eine vorzeitige Kündigung seitens des Unternehmens ist im italienischen Recht durch die Zahlung einer angemessenen Entschädigung (*indennità di preavviso*) möglich, deren Höhe durch die AEC festgesetzt ist. Unter bestimmten Voraussetzungen hat der Geschäftsherr dem Handelsvertreter bei Kündigung des Vertragsverhältnisses einen Ausgleich zu zahlen.

---

[233] Vgl. von Boehmer, Henning (Hrsg.) (1993), S.71 ff.
[234] Vgl. BfAI (Hrsg.) (1995), Rechtstips, S. 37 ff.
[235] Vgl. CMA (Hrsg.) (1994), Exportmerkblätter, S. 32 ff.

Dies ist gem. Art. 1751 C.c. der Fall, wenn:

a) der Handelsvertreter Neukunden geworben, oder bestehende Geschäftsverbindungen wesentlich erweitert hat, woraus der Geschäftsherr auch weiterhin erhebliche Vorteile zieht oder

b) die Ausgleichszahlung die dem Handelsvertreter aus diesen Geschäften entgehenden Provisionsansprüchen gerecht wird.[236]

Für Rechtsstreitigkeiten in Vertragsverhältnissen zwischen Handelsvertreter und Geschäftsherr ist in erster Instanz der Einzelrichter der Arbeitsgerichtsbarkeit beim Amtsgericht (*pretore di lavoro*) zuständig, dessen Entscheidungen i.d.R. eher zugunsten des Handelsvertreters ausfallen. Die Urteile sind auch im Berufungsfall sofort vollstreckbar. Da Verträge mit arbeitsrechtlichem Charakter grundsätzlich dem materiellen Recht des Ortes unterliegen, an dem die Tätigkeit ausgeübt wird, gilt dies im Einzelfall aufgrund der Entscheidung italienischer Gerichte auch, obwohl für Verträge mit vorwiegend persönlichen Vertretern die Möglichkeit der Rechtswahl besteht.[237]

In der Neufassung der Art. 1751 ff. C.c. wurde die Bestimmung über das Konkurrenzverbot neu eingeführt. Dieses beschränkt den Handelsvertreter in seiner gewerblichen Tätigkeit maximal zwei Jahre ab Vertragsbeendigung. Eine solche Vereinbarung ist in schriftlicher Form zu verfassen, und kann nur Vertragsgebiete, Kunden und Waren betreffen, auf die sich der aufgelöste Vertrag bezogen hat.[238]

Sozialversicherung

Neben der Registrierungspflicht hat der Handelsvertreter in Italien zusätzlich die Pflicht, in die E.N.A.S.A.R.C.O. einzutreten. Das ist eine Körperschaft des öffentlichen Rechts, die mit einer Sozialversicherung zu vergleichen ist. Anders als in Deutschland muß der Geschäftsherr grundsätzlich einen Teil (3 % der durchschnittlichen Jahresprovision) der Sozialversicherungsbeiträge in diesen Sozialversicherungsfond einzahlen. Die Beiträge können vom Handelsvertreter eingeklagt werden, selbst wenn dieser nicht dort registriert ist. Die E.N.A.S.A.R.C.O. übernimmt dafür die Ver-

---

[236] Vgl. BfAI (Hrsg.) (1995), Rechtstips, S. 37 ff.
[237] Vgl. von Boehmer, Henning (Hrsg.) (1993), S. 70 ff..
[238] Vgl. ebenda, S. 78 f.

sorgungsleistungen im Krankheitsfall, bei Invalidität, der Alterspension und die Zahlung eines Teils der Ausgleichsansprüche.

Gemäß der Rechtsprechung besteht die Anmelde- und Abgabenpflicht für einen deutschen Geschäftsherrn nur, wenn dieser einen Geschäftssitz oder eine Niederlassung in Italien hat. Andernfalls muß der in Italien ansässige Vertreter die Beitragszahlungen selber leisten, sofern der deutsche Geschäftsherr sie nicht freiwillig übernimmt.[239]

4.4.7. Vertragshändlerrecht (*diritto del concessionario*)

Unter einem Vertragshändler versteht man einen Kaufmann, der sich auf unbestimmte oder bestimmte Dauer verpflichtet, <u>auf eigene Rechnung und eigenes Risiko</u> den Vertrieb von Erzeugnissen eines Herstellers in einem bestimmten Gebiet zu übernehmen. Bei den betreffenden Verträgen handelt es sich meist um Exklusivverträge, die zusätzlich Abmachungen über den Kauf- und Wiederverkaufspreis, die Mindestabnahmemenge und/oder die Verwendung des Herstellernamens oder des Warenzeichens beinhalten.

Die Rechtsbeziehungen dieser Verträge sind gesetzlich nicht ausdrücklich geregelt. Zur Beilegung von Rechtsstreitigkeiten werden jedoch häufig die Bestimmungen der Art. 1559 ff. C.c. hinzugezogen, welche jedoch nur teilweise den tatsächlichen Rechtsverhältnissen entsprechen. Die genannten Vorschriften regeln den Bezugsvertrag (*contratto della somministrazione*), d.h. den Vertrag, durch den sich eine Partei zu einer regelmäßig wiederkehrenden oder dauernden entgeltlichen Leistung von Sachen zugunsten einer anderen Partei verpflichtet.[240] Mangels ausreichender gesetzlicher Grundlagen sollten Verträge zwischen deutschen und italienischen Partnern möglichst auf der Basis der üblichen Vertragsmuster für Verträge mit ausländischen Vertragshändlern im Ausland (ORGALIME) erstellt werden. Die folgenden Punkte sollten darin ausdrücklich geregelt werden:

(1)Rechtsstellung des Vertragshändlers;

(2)Ankaufs- und Verkaufspreis (Wurde der Kaufpreis nicht bestimmt, so wird gem. Art. 1560 i.V.m. Art. 1474 C.c. vermutet, daß sich die Parteien auf den vom Ver-

---

[239] Vgl. BfAI (Hrsg.) (1992), Handelsvertretersuche, S. 13 f.
[240] Vgl. von Boehmer, Henning (Hrsg.) (1993), S. 81 ff..

käufer üblicherweise verlangten Preis geeinigt haben. Zu berücksichtigen ist dabei die Fälligkeit und der Ort der Leistung.)[241];

(3) Mindestabnahmemengen;

(4) Wettbewerbsverbot während der Vertragsdauer;

(5) Exklusivvereinbarungen uni- oder bilateraler Art (Gebietsbeschränkungen und Verbote, an einen bestimmten Kundenkreis zu liefern, sind nur zulässig, sofern die zeitliche Begrenzung angemessen ist und nicht eine der Parteien ein erhebliches Interesse daran hat.);

(6) Kundendienst;

(7) Provisionsansprüche bei Direktverkäufen des Herstellers;

(8) Bedingungen der Vertragsbeendigung (Ein Vertrag auf bestimmte Dauer kann vor Ablauf der vereinbarten Zeit nur aus wichtigem Grund gekündigt werden, wogegen ein unbefristeter Vertrag auch durch eine ordentliche Kündigung beendet werden kann. Wurden keine Kündigungsfristen vereinbart, richten sich die einzuhaltenden Fristen nach dem in Abschnitt 4.4.6 behandelten Handelsvertreterrecht.);

(9) Abwicklung des Warenlagers;

(10) Gerichtsstand;

(11) anwendbares Recht;

(12) klare und eindeutige Bestimmungen bzgl. Entschädigungs- und Ausgleichsansprüchen bei Vertragsbeendigung (Wird bei der Kündigung die notwendige Frist nicht eingehalten, kann die gekündigte Partei Schadenersatz geltend machen. Ob Ausgleichsansprüche im Vertragshändlerrecht überhaupt bestehen, ist strittig und sollte daher ausdrücklich geregelt werden.).[242]

Ein Wettbewerbsverbot nach Beendigung des Vertrages kann gem. Art. 2596 C.c. für höchstens fünf Jahre wirksam sein, selbst wenn die Parteien eine abweichende Vereinbarung getroffen haben, da es sich bei diesem Artikel um eine zwingende Gesetzesvorschrift handelt.

Bei Exklusivvertriebsklauseln ist ein gewisses Maß an Vorsicht geboten. Neben den Vorteilen, wie zum Beispiel der Erleichterung und Rationalisierung der Absatzförderung, der intensiven Bearbeitung des Marktes und der Konzentration der Verkaufstä-

---

[241] Vgl. von Boehmer, Henning (Hrsg.) (1993), S. 81 ff.

tigkeit, ergeben sich jedoch unter Umständen auch Nachteile durch vertragliche Beschränkungen. Zudem kann es in bedeutenden Fällen auch zu Verstößen gegen die kartellrechtlichen Bestimmungen kommen. Um diesem vorzubeugen, sollte der Rat eines Fachmanns eingeholt werden. Eine weitere Hilfestellung können die EG-Verordnungen Nr. 1983 und 1984 vom 22.06.1983 über die Anwendung von Art. 85, Abs. 3 EWG auf Gruppen von Alleinvertriebs- bzw. Alleinbezugsvereinbarungen bieten.[243]

4.4.8. Verjährung (*prescrizione*)

Die Verjährungsvorschriften sind zwingend einzuhalten. Sie können auch durch Parteivereinbarung weder verkürzt noch verlängert werden. Ebensowenig kann auf die Wirkung der Verjährung vor Ablauf der Frist verzichtet werden. Lediglich nach Ablauf der Frist kann der Schuldner auf die Rechtsfolgen der Verjährung verzichten. Das italienische Gesetz unterscheidet generell zwischen der allgemeinen Verjährung nach 10 Jahren und den kurzen Verjährungsfristen (sofern sie genereller Natur sind), die in den Art. 2947 bis 2952 C.c. festgelegt sind. Die allgemeine Verjährung gilt grundsätzlich auch für durch ein rechtskräftiges Urteil festgestellte Ansprüche. Gemäß den Regelungen der oben genannten Gesetze verjähren in:[244]

- **fünf Jahren:** Schadensersatzansprüche aus unerlaubter Handlung; Entgelt aus Miet- und Pachtverträgen; Zinsen und im allgemeinen alle Ansprüche, die regelmäßig jährlich oder in kürzeren Abständen zu zahlen sind; Entschädigungen die durch Beendigung eines Arbeitsverhältnisses begründet sind; Ansprüche aus eingetragenen Gesellschafts- und Genossenschaftsverhältnissen;
- **drei Jahren:** Ansprüche aus Dienstleistungen, wenn die Zahlungen für längere als monatliche Zeiträume fällig sind;
- **zwei Jahren:** Ansprüche aus Rückversicherungsgeschäften; Schadensersatzansprüche aus dem Verkehr von Fahrzeugen jeder Art;
- **18 Monaten:** Ansprüche aus Speditions- und Beförderungsverträgen, sofern die Beförderung außerhalb Europas beginnt oder endet;

---

[242] Vgl. BfAI (Hrsg.) (1995), Rechtstips, S. 41 ff..
[243] Vgl. ebenda, S. 42 f..
[244] Vgl. ebenda, S. 17 ff..

- **einem Jahr:** Ansprüche aus Speditions- und Beförderungsverträgen innerhalb Europas, Ansprüche aus Dienstleistungen, wenn die Zahlungen monatlich oder in kürzeren Abständen fällig sind; Honoraransprüche von Rechtsanwälten; Ansprüche von Kaufleuten aus Warenlieferungen an Nichtkaufleute; Provisionsansprüche von Maklern und Handelsvertretern; Ansprüche aus Versicherungsverträgen (ab Eintritt des Versicherungsfalles).[245]

An anderen Stellen des C.c. finden sich außerdem folgende Verjährungsfristen:

- **fünf Jahre:** Anfechtung eines Vertrages wegen Irrtum, Drohung oder Täuschung;
- **ein Jahr:** Ansprüche aus Gewährleistung; Vertragsauflösung wegen Nichterfüllung beim Fehlen zugesicherter oder für den bestimmungsmäßigen Gebrauch wesentlicher Eigenschaften;
- **sechs Monate:** Garantieansprüche beim Kauf beweglicher Sachen.

Desweiteren verjähren in drei Jahren Ansprüche aus der Produkthaftung. Weitere kurze Verjährungsfristen des Gesetzes sind hier nicht aufgeführt, da sie für den Wirtschaftsverkehr nicht relevant sind.

Eine Besonderheit des romanischen Rechtskreises ist die vermutete Verjährung. Diese beruht auf einer (widerlegbaren) Zahlungsvermutung, und findet u.a. Anwendung auf die Bezahlung von Rechtsanwälten, Notaren, Freiberuflern und auf Lohnforderungen von Arbeitnehmern. Die Fristen liegen zwischen sechs Monaten und drei Jahren, werden durch die Art. 2954 bis 2961 C.c. geregelt und beginnen an dem Tag, an dem das betreffende Recht geltend gemacht werden kann (Art. 2935 C.c.).[246]

Eine Hemmung der Verjährung tritt u.a. dann ein, wenn der Schuldner dem Gläubiger arglistig verschweigt, daß er diesem gegenüber eine Verbindlichkeit hat.
Eine Unterbrechung der Verjährung tritt dagegen bei einem Schuldanerkenntnis, einer außergerichtlichen Mahnung des Gläubigers, Inverzugsetzen des Schuldners oder auch durch Klageerhebung mittels eines gerichtlichen Vorgehens ein, wobei letzteres - anders als im deutschen Recht - auch dann eine Unterbrechung zur Folge hat, wenn die Klage zurückgenommen oder rechtskräftig abgewiesen worden ist.[247]

---

[245] Vgl. CMA (Hrsg.) (1994), Exportmerkblätter, S. 36 f..
[246] Vgl. ebenda.
[247] Vgl. ebenda.

5. Niederlassung deutscher Unternehmen in Italien

5.1. Direktinvestitionen

Deutsche Direktinvestitionen in Italien waren schon seit jeher nicht besonders hoch. Sie nehmen bisher mit einem Bestand von 13,8 Mrd. DM lediglich den siebten Platz in der Rangfolge der Auslandsinvestitionen in Italien ein. Der prozentuale Anteil Deutschlands an italienischen Firmen mit ausländischer Beteiligung betrug 1996 16,2%, das entspricht einer Anzahl von 264 Firmen. Trotzdem es in erster Linie deutsche Firmen waren, die 1995 mit 3,13 Mrd. DM neu in Italien investiert haben, bleibt der wertmäßige Bestand dennoch gering.[248]

Gründe für die relativ schwache Investitionstätigkeit sind der schwerfällige bürokratische Apparat, die große Anzahl von undurchsichtigen sich ständig ändernden Gesetzen und Verordnungen, die hohe Steuern- und Abgabenlast sowie die instabilen politischen Verhältnisse.[249] Der Standort Italien ist jedoch durch sinkende Produktionskosten, den niedrigen Lirakurs sowie durch die immer besser werdende Infrastruktur auch für deutsche Unternehmen interessanter geworden. Insbesondere durch den europäischen Binnenmarkt und die Europäische Währungsunion kommen zu den oben genannten Überlegungen auch marktstrategische Motive hinzu.[250]

Die Bereiche, in denen deutsche Investoren tätig sind, umfassen bisher in erster Linie die technologieorientierten Branchen, wie zum Beispiel Chemie, Metallprodukte, Maschinenbau und Elektrotechnik. Die Bereiche Handel und Dienstleistungen sind noch eher unterrepräsentiert, wenngleich diesbezüglich Änderungen zu verzeichnen sind (vgl. Abschnitt 7). Zu den größten deutschen Firmen, die im italienischen Markt investieren, gehörten 1995 nichtsdestotrotz Hoesch-Krupp, Siemens und Hoechst.[251]

---

[248] Vgl. BfAI (Hrsg.) (1997), bfai-info, S. 4 f..
[249] Vgl. F.A.Z. (Hrsg.) (1997), S. 13.
[250] Vgl. BfAI (Hrsg.) (1997), bfai-info, S. 6.
[251] Vgl. ebenda.

Üblicherweise erfolgen langfristige Investitionen deutscher Unternehmen in Italien entweder über die Gründung einer Gesellschaft oder Niederlassung oder auch über den Erwerb von Beteiligungen oder eines bereits existierenden Unternehmens. Im folgenden wird daher auf die diesbezüglich wichtigsten rechtlichen Grundlagen eingegangen.

5.2. Italienisches Gesellschaftsrecht

Grundlage des italienischen Gesellschaftsrechts sind die Art. 2247 bis 2510 C.c. sowie einzelne Gesetzesdekrete zu speziellen Aspekten. Um den Rahmen dieses Beitrags nicht zu sprengen, wird hier jedoch nur auf die grundlegenden Aspekte eingegangen. Im Einzelfall ist daher immer die Einholung eines Rechtsrates zu empfehlen.

Prinzipiell sieht das italienische Recht die gleichen Gesellschaftstypen vor, die auch in Deutschland bekannt sind. Da das Recht der Personengesellschaften ebenso wie in Deutschland die unbeschränkte Haftung des Gesellschafters vorsieht, und zwar sowohl auf das inländische als auch auf das ausländische Vermögen, erfolgt die Firmengründung ausländischer Investoren in der Praxis fast ausschließlich in Form von Kapitalgesellschaften. Insbesondere kleinen und mittleren Betrieben, die eine Verkaufsniederlassung ohne Produktion gründen wollen, ist die Gründung einer SRL (*Società a Responsibilità Limitata*), des italienischen Pendants der GmbH, zu empfehlen.[252] Im folgenden wird daher nur auf die Gründung von Kapitalgesellschaften eingegangen.[253]

Grundsätzlich gilt für alle Kapitalgesellschaften, daß ihr Sitz in Italien liegen muß. Zudem muß der Gegenstand ihrer zukünftigen Geschäfte benannt werden, da der in Art. 2328 C.c. geregelte Gründungsvertrag ansonsten nichtig ist. Bei der Namengebung der Firma besteht prinzipiell eine größere Freiheit als in Deutschland. Unter der Voraussetzung, daß im Firmenname ein Hinweis auf die Rechtsform enthalten ist, können selbst Fantasienamen gewählt werden. Nach italienischem Recht ist die Gründung einer Kapitalgesellschaft auf unbestimmte Dauer unzulässig.
Anders als in Deutschland muß neben der Unterzeichnung und der notariellen Beglaubigung der Gründungsurkunde zusätzlich eine besondere Prüfung durch das Gericht (*omologazione*) sowie die nachfolgende Eintragung der Gesellschaft in das *Registro*

---

[252] Vgl. von Boehmer, Henning (Hrsg.) (1993), S. 9.
[253] Vgl. o.V. (1994), *Doing Business in Italy*, Abschnitt 2.1.

delle Imprese (Handelsregister) des zuständigen Amtsgerichts erfolgen, um die Gesellschaft ins Leben zu rufen. Nachfolgend wird jede Neugründung im *Bollettino ufficiale delle società per azioni ed a responsibilità limitata* (BUSARL), dem entsprechenden Amtsblatt, vorgenommen.[254]

5.2.1. SRL - Società a Responsabilità Limitata (GmbH)

Das gesetzliche Mindestkapital für eine SRL beträgt gem. Art. 2474 C.c. 20 Mio. Lire, wobei die Anteile mindestens 1.000 Lire betragen müssen.[255] Die Verpflichtung zur Einlage entsteht mit Zeichnung eines Geschäftsanteils. Das Kapital kann in Form von Sach- oder Bareinlagen erbracht werden, wobei erstere einem umfangreichen Prüfungsverfahren unterzogen, sowie sofort und in voller Höhe eingebracht werden müssen. Bareinlagen dagegen müssen nur zu drei Zehnteln des gezeichneten Kapitals (sechs Mio. Lire) sofort eingebracht werden. Die Geschäftsvertretung liegt bei einem oder mehreren Geschäftsführern, die ausdrücklich im Gründungsvertrag benannt werden müssen.[256] Bei einem Gesellschaftskapital von mindestens 200 Mio. Lire muß ein Aufsichtsrat (*collegio sindacale*) bestellt werden. Bei ordentlichen Gesellschaftsversammlungen reicht die einfache, bei außerordentlichen mindestens eine Zweidrittelmehrheit der Vertreter des Gesellschaftkapitals zur Beschlußfassung aus.[257]

Die Gründungskosten einer SRL belaufen sich auf ca. 4 Mio. Lire Notariatsgebühren. Zusätzlich fallen jährlich diverse Registrierungsgebühren (Notariatsgebühr von 1 % des Kapital, Amtsgerichts- und Handelskammergebühren u.ä.) an. Rechnet man dazu die Kosten für Rechtsanwälte und Steuerberater, derer man sich im allgemeinen bedienen muß, so kommt man auf einen Betrag von ca. 10 bis 12 Mio. Lire.[258]

Die Gründung einer Ein-Mann-GmbH ist auch nach italienischem Recht zulässig. Allerdings haftet in diesem Fall der Gesellschafter nicht ausschließlich mit dem Gesellschaftskapital, sondern in Ausnahmefällen auch mit seinem Privatvermögen für die Verbindlichkeiten, die in dem Zeitraum entstanden sind, in dem das Gesellschaftska-

[254] Vgl. von Boehmer, Henning (Hrsg.) (1993), S. 13 f..
[255] Vgl. BfAI (Hrsg.) (1996), Geschäftspartner, S. 98.
[256] Vgl. BfAI (Hrsg.) (1995), Rechtstips, S. 66 f..
[257] Vgl. Wirtschaftskammer Österreich (Hrsg.) (1996), S. 5 ff..
[258] Die Wertangaben erfolgen unverbindlich, da sie ständigen Änderungen unterworfen sind.

pital in seiner Hand vereint war.[259] Außerdem muß die Geldeinlage bei Gründung vollständig erfolgen und nicht nur zu drei Zehnteln.

5.2.2. SpA - Società per Azioni (AG)

Das gesetzliche Mindestkapital der SpA beträgt gem. Art. 2327 C.c. 200 Mio. Lire, sofern nicht, wie zum Beispiel im Fall für Wertpapieranlagenfonds (2 Mrd. Lire), ein höheres Kapital verlangt wird. Davon müssen wie bei der SRL drei Zehntel sofort bei Gründung eingebracht werden. Die Aktien stellen Gesellschafterrechte dar, deren Betrag in der Gründungsurkunde eingetragen werden muß. In der italienischen Praxis sind fast ausschließlich Namensaktien üblich. Demzufolge muß der Rechtsübergang in das *libro dei soci* (Gesellschafterbuch) eingetragen werden.

Die ordentliche Gesellschaftsversammlung der SpA ist beschlußfähig, sofern die Gesellschafter anwesend sind, welche mindestens die Hälfte des Gesellschaftskapitals vertreten. Beschlüsse werden mit absoluter Mehrheit gefaßt. Bei der außerordentlichen Gesellschaftsversammlung müssen die Gesellschafter zustimmen, die mehr als die Hälfte des Gesellschaftskapitals vertreten.[260]

Die Gründungskosten einer SpA setzen sich prinzipiell wie bei der SRL zusammen. Die Notariatsgebühren betragen hier jedoch ca. 15 Mio. Lire, wodurch der Gesamtbetrag auf mindestens 20 bis 22 Mio. Lire ansteigen kann.[261]

5.3. Gründung einer Zweigniederlassung (*sede secondaria*)

Die rechtlichen Grundlagen für die Errichtung einer Zweigniederlassung sind die Art. 2505 bis 2510 C.c.. Diese beinhalten u.a., daß alle in Italien gegründeten Zweigniederlassungen ausländischer Unternehmen den Bestimmungen des italienischen Gesetzes unterliegen (Art. 2506 C.c.).[262]

Generell ist die Gründung einer Tochtergesellschaft der Gründung einer rechtlich unselbständigen Zweigniederlassung, die den Status des Mutterunternehmens trägt,

---

[259] Vgl. von Boehmer, Henning (Hrsg.) (1993), S. 10.
[260] Vgl. Wirtschaftskammer Österreich (Hrsg.) (1996), S. 6.
[261] Vgl. Fußnote 255.
[262] Vgl. BfAI (Hrsg.) (1996), Geschäftspartner, S. 95 f..

schon allein aus steuerlichen Gründen vorzuziehen. Zudem kann es zu Schwierigkeiten im Verkehr mit Verwaltung und öffentlichen Dienstleitungsunternehmen kommen, da kaum Verständnis für die fehlende Rechtspersönlichkeit der Betriebsstätte aufgebracht wird. Die Gründungskosten weichen ohnehin kaum voneinander ab.

Entscheidet sich ein Unternehmen dennoch für diese Möglichkeit, so muß die Gründung der italienischen Zweigniederlassung durch die Vorlage eines Beschlusses der deutschen Muttergesellschaft nachgewiesen werden. Dieser muß den Sitz der italienischen Niederlassung sowie die Namen und Vertretungsmachten der für die deutsche Gesellschaft handelnden Vertreter enthalten. Der Beschluß und ein Handelsregisterauszug der Muttergesellschaft müssen in Form beglaubigter Übersetzungen beim zuständigen Amtsgericht hinterlegt werden, worauf die Eintragung in das *Registro delle Imprese* erfolgt. Die Zweigniederlassung unterliegt den italienischen Vorschriften über die Betriebsleitung. Das beinhaltet u.a. auch eine Buchhaltung nach italienischen Vorschriften und die Aufstellung eines gesonderten Jahresabschluß nach italienischen Kriterien, da die Zweigniederlassung dem italienischen Steuerrecht unterliegt. Die Leitung der Niederlassung kann sowohl durch einen Vertreter der Muttergesellschaft, als auch durch einen italienischen Staatsbürger übernommen werden. In beiden Fällen übernimmt der Leiter persönlich die Haftung für die Geschäftstätigkeit gegenüber der italienischen (Finanz-) Verwaltung.[263]

5.4. Erwerb von Unternehmen und Unternehmensanteilen

Beim Erwerb von Unternehmen oder Beteiligungen müssen die Vorschriften des am 10. Oktober 1990 in Kraft getretenen Kartellrechts (Gesetz Nr. 287) sowie die gesetzlichen Regelungen über Direktinvestitionen zugrunde gelegt werden, sofern nicht die Vorschriften des europäischen Wettbewerbsrechts der Art. 85 und 86 EG-Vertrag zu tragen kommen.

Da das italienische Recht von einem Unternehmenszusammenschluß ausgeht, wenn ein oder mehrere Unternehmen durch Erwerb die Kontrolle über die Gesamtheit oder Teile von einem oder mehreren anderen Unternehmen übernehmen, müssen diese gegenüber der italienischen Kartellbehörde (*Autorità garante della concorrenza e del mercato*) angezeigt werden. Dies muß gem. Gesetz Nr. 127/90 dann erfolgen, wenn der Ge-

---

[263] Vgl. von Boehmer, Henning (Hrsg.) (1993), S. 23 f.

samtumsatz der beteiligten Unternehmen mehr als 500 Mrd. Lire, oder der Gesamtumsatz des zu erwerbenden Unternehmens mehr als 50 Mrd. Lire beträgt.[264]

Im Regelfall wird sich die Übernahme von Unternehmensanteilen auf eine einflußreiche Beteiligung reduzieren. In den wenigsten Fällen kommt es zu einer kompletten Übernahme eines Unternehmens.
Bezüglich der Übertragung eines gesamten Unternehmens ist anzumerken, daß nach italienischem Recht die einzelnen Gegenstände des Unternehmensvermögens nicht einzeln aufgelistet werden müssen. Es genügt daher, wenn der Gegenstand des Kaufvertrags ausreichend bestimmt oder bestimmbar ist (Art. 1346 C.c.). Das Unternehmensvermögen umfaßt dabei auch schuldrechtliche Nutzungsrechte sowie Verträge, die im Rahmen des Geschäftsbetriebes begründet sind (Art. 2555 C.c.). Dabei sind wiederum die Besonderheiten des italienischen Gesetzes bei der Übertragung von Forderungen und Schulden zu beachten (vgl. auch Abschnitt 4.4.1.2).

Die Regelungen über die Nachfolge in Verträge umfaßt außerdem auch Dienst- und Arbeitsverhältnisse, die, sofern sie nicht rechtzeitig vom Veräußerer gekündigt wurden, automatisch vom Erwerber fortgesetzt werden müssen, wobei den betreffenden Arbeitnehmern ihre gesamten in dem Unternehmen erworbenen Rechte auch weiterhin zustehen (Art. 2112 C.c.).[265]
Nach Übergabe des Unternehmens besteht für den Veräußerer ein Wettbewerbsverbot, welches gem. den gesetzlichen Bestimmungen nicht länger als fünf Jahre bestehen darf.

Will ein deutsches Unternehmen lediglich eine Beteiligung erwerben, wird i.d.R. zunächst ein Vorvertrag abgeschlossen, wobei darauf zu achten ist, inwieweit dieser für die Parteien bindend sein kann. Der Vorteil dieser Vorverträge ist, daß die eigentliche Beteiligungsübertragung nachher ohne viele Formalitäten vonstatten gehen kann.
Zu unterscheiden ist dabei zwischen dem Beteiligungserwerb einer SRL und einer SpA. So wird die Übertragung einer Beteiligung an einer SRL erst gegenüber der Gesellschaft wirksam, wenn sie in das *libro dei soci* (Gesellschafterbuch) eingetragen wird, da ansonsten lediglich zwischen Veräußerer und Erwerber Verpflichtungen be-

---

[264] Vgl. von Boehmer, Henning (Hrsg.) (1993), S. 25 f..

stehen[266]. Bei der SpA dagegen muß für die rechtswirksame Übertragung der Namens-aktien (vgl. Abschnitt 5.2.2) der Name des Erwerbers auf dem Titel und in das *libro dei soci* eingetragen werden. Die Rechtsansprüche müssen dabei entweder vom Ver-äußerer oder vom Erwerber durch öffentliche Beglaubigung bewiesen werden, um sie der Gesellschaft gegenüber geltend machen zu können.[267]

Soll in Italien ein Gewerbe angemeldet werden, so empfiehlt es sich, bezüglich der Anforderungen mit der DIHK oder anderen Handelskammern Kontakt aufzunehmen, um genauere Informationen zu erhalten, da für die Ausübung von Gewerben in Italien eine große Anzahl von Voraussetzungen zu erfüllen ist. So erfordert die italienische Gewerbeordnung zum Beispiel eine Eintragung in das Berufsregister (*Registro Eser-centi per il Commercio*) der Handelskammer, wobei teilweise ein sog. Befähigungs-nachweis (*abilitazione*) erbracht, oder eine Lizenz erworben werden muß. Im Indu-striebereich ist fast ausnahmslos kein Befähigungsnachweis notwendig.

Im Handel und im Dienstleistungsbereich dagegen sind sowohl ein Befähigungsnach-weis und der Registereintrag, als auch eine Lizenz obligatorisch. Zusätzlich kommen im Dienstleistungsbereich zahlreiche Sonderbestimmungen zu tragen.[268]

Es würde jedoch den Rahmen dieses Beitrages sprengen, die gesamten Voraussetzun-gen aufzuführen.

---

[265] Vgl. von Boehmer, Henning (Hrsg.) (1993), S. 28 ff.
[266] Vgl. BfAI (Hrsg.) (1995), Rechtstips, S.68 f.
[267] Vgl. von Boehmer, Henning (Hrsg.) (1993), S. 28 ff.
[268] Vgl. Wirtschaftskammer Österreich (Hrsg.) (1996), S. 4 f.

6. Ein- und Ausfuhrvorschriften

6.1. EU-Bestimmungen

Da 1993 der europäische Binnenmarkt verwirklicht wurde, der den freien Waren-, Dienstleistungs- und Kapitalverkehr festlegt, bestehen im Rahmen der EU grundsätzlich keine Einfuhr- oder Lizenzvorschriften mehr.[269] Von dieser generellen Freizügigkeit gibt es jedoch einige wenige Ausnahmen.

6.1.1. Ein- und Ausfuhrbeschränkungen

Bei Lieferungen aus EU-Staaten nach Italien handelt es sich um liberalisierte Ware, die ohne ministerielle Genehmigung (*a dogana*) von den italienischen Zollämtern zugelassen werden. Ausgenommen sind davon lediglich Seehundfelle und daraus bestehende andere Ware, für die eine Einfuhrgenehmigung erforderlich ist.[270]

Für die Einfuhr einiger gebrauchter Kraftfahrzeuge ist eine Genehmigung des Außenhandelsministeriums erforderlich. Diese erfolgt jedoch bei Importen aus den EU-Staaten ohne eine mengenmäßige Beschränkung.[271]

Bei Einfuhren nach Italien muß der Importeur, bei dem es sich um eine natürliche oder juristische Person mit Sitz bzw. Wohnsitz in Italien handeln muß, aufgrund der Importrechnung (Proforma-Invoice) seine Bank um die Ausstellung eines *benestare bancario* ersuchen. Dabei handelt es sich um eine Bestätigung einer von der Banca d'Italia autorisierten Bank (*banca agente*) über die erfolgte Ein- oder Ausfuhr einer bestimmten Ware und ihres Im- oder Exportpreises. Diese Bestätigung ist bis zu 120 Tagen ab Ausstellung gültig, wobei die Gültigkeit nicht den Fälligkeitstag einer unter Umständen notwendigen Lizenz oder Genehmigung überschreiten darf. Sie ist auch für Teillieferungen anwendbar, jedoch nur bis maximal acht Lieferungen, und wird von der *banca agente* aus statistischen Gründen an die italienische Devisenbehörde gemeldet.[272]

Bezüglich des Kapitalverkehrs bestehen dagegen etwas umfangreichere Vorschriften. Obwohl Kapitaltransaktionen durch die Aufhebung des Gesetzes Nr. 148/88 am

---

[269] Vgl. CMA (Hrsg.) (1994), Auslandsmarktdaten, S. 5.
[270] Vgl. BfAI (Hrsg.) (1996), Geschäftspartner, S. 68 ff..
[271] Vgl. ebenda.
[272] Vgl. CMA (Hrsg.) (1994), Exportmerkblätter, S. 7 f..

27.04.1990 liberalisiert wurden, bestehen durch das direkt im Anschluß erlassene Steuergesetz Nr. 169 vom 28.06.1990 steuerpolitische Einschränkungen zur Überwachung des Kapitaltransfers. Durch die Liberalisierung sind Zahlungen in das Ausland entweder auf direktem Weg oder über eine Bank möglich. Erfolgt die Zahlung auf direktem Weg, so muß nochmals zwischen Devisenin- und -ausländern unterschieden werden. Deviseninländer dürfen auf den Überbringer lautende Werte (Sparbücher, Schecks, Bargeld etc.) nur bis zu einem Betrag von 20 Mio. Lire ausführen. Das Mitführen höherer Beträge ist verboten. Andere Werte, wie zum Beispiel Aktien oder Obligationen, müssen bei einem Betrag von mehr als 20 Mio. Lire beim Zollamt unter Angabe der Steuernummer und einer detaillierten Erklärung deklariert werden.[273]

Für Devisenausländer gilt dagegen, daß sie Devisen unbeschränkt einführen dürfen, sofern sie über ein EU-Land einreisen. Erfolgt die Einreise über einen anderen Staat, so müssen Beträge über 20 Mio. bei der Einfuhr mit Hilfe des Formulars (*modulo*) V2 gemeldet werden. Wollen Devisenausländer Werte von über 20 Mio. Lire exportieren, so muß durch das Formular V2 bewiesen werden, daß diese zuvor importiert worden waren.[274]

Banküberweisungen von Beträgen über 20 Mio. Lire müssen unabhängig von der Unterscheidung zwischen Devisenin- und -ausländern von der Bank an das Devisenamt Ufficio Italiano Cambio (UIC) gemeldet werden. Die Bank muß eine sog. „Evidenz" halten, die alle relevanten Daten sowie die Steuernummern von Auftraggeber und Empfänger beinhaltet.[275]

Bei allen Zahlungen in das Ausland muß zu statistischen Zwecken eine Begründung gegeben werden, die den Zweck der Transaktion erklärt.

Devisenvergehen werden in Italien strafrechtlich verfolgt, und können sowohl Haft- als auch Geldstrafen ab 1 Mio. Lire nach sich ziehen.[276]

Weitere vereinzelt bestehende Ein- oder Ausfuhrbeschränkungen Italiens bzw. Deutschlands beziehen sich weitestgehend auf sehr spezielle Bereiche, die in den entsprechenden Gesetzen geregelt sind. Diese hier aufzuführen ginge zu sehr in den juri-

---

[273] Vgl. BfAI (Hrsg.) (1994), Verkaufen, S. 23.
[274] Vgl. BfAI (Hrsg.) (1996), Geschäftspartner, S. 103 ff.
[275] Vgl. o.V. (1994), *Doing Business in Italy*, Kapitel 5.
[276] Vgl. BfAI (Hrsg.) (1994), Verkaufen, S. 23 f.

stischen Bereich und wurde daher unterlassen. Es wird in diesem Zusammenhang lediglich kurz auf die Exportkontrollen des Bundesausfuhramtes (BAFA) eingegangen.

6.1.2. Exportkontrolle

Die Exportkontrolle findet Anwendung auf die sog. Dual-Use-Güter, d.h. auf Waren, die sowohl zivilen, als auch militärischen Zwecken dienen können. Innerhalb der Gemeinschaft ist die Verbringung dieser Güter grundsätzlich bis auf wenige Beschränkungen frei.

Eine Ausfuhr- oder Verbringungsgenehmigung ist notwendig für folgende in der Ausfuhrliste (Anlage AL) aufgeführte Waren:

- Waffen, Munition und Rüstungsmaterial (§ 7, Abs. 2 AWV);
- bestimmte Erreger, Toxine und Mikroorganismen (§ 7, Abs. 3 AWV);
- Güter der gemeinsamen Warenliste der EG mit Kenntnis des Verbringers, daß das endgültige Bestimmungsziel außerhalb der EU liegt (§ 7, Abs. 4) und
- Güter, die in Anhang IV des Ratsbeschlusses im einzelnen aufgeführt sind und als besonders sensitiv angesehen werden (Art. 19, Abs. 1b EG-VO).

Waren, die nicht in der Ausfuhrliste enthalten sind, sind dennoch genehmigungspflichtig, wenn dem Verbringer bekannt ist, daß das endgültige Bestimmungsziel außerhalb der EU liegt und die Direktausfuhr nach diesem Bestimmungsziel gem. § 5c-e AWV genehmigungspflichtig wäre (betrifft zum Beispiel Rüstungsgüter, Güter des Nuklearbereichs oder auch Länder, die mit Embargos belegt sind).[277]

Für die oben genannten Güter müssen bei der Lieferung Warenbegleitpapiere beigelegt werden, worin u.a. zu bemerken ist, daß die Waren bei der Ausfuhr aus der EU der Exportkontrolle unterliegen.

---

[277] Vgl. zum gesamten Abschnitt BAFA (Hrsg.) (1996), S. 10.

6.2. Versand

Der wesentliche Vorteil des Binnenmarktes ergibt sich aus dem vereinfachten Versandverfahren für Gemeinschaftswaren, d.h. Waren, die vollständig im Zollgebiet der Gemeinschaft gewonnen oder hergestellt worden sind, bzw. die nicht aus dem Zollgebiet der Gemeinschaft stammen, sich aber in einem Mitgliedsstaat im freien Verkehr befinden (verzollte Drittlandsware). Für den Versand dieser Waren ist das bisher angewandte T2-verfahren des internen gemeinschaftlichen Versandverfahrens bis auf wenige Ausnahmen gegenstandslos geworden.[278]

Für den Versand von Deutschland nach Italien kommen grundsätzlich alle Transportmöglichkeiten in Frage. Hauptsächlich bietet sich jedoch der Transport per Lkw oder Bahn über Österreich oder die Schweiz an. Durch die Mitgliedschaft Österreichs in der EU haben sich weitere Erleichterungen für den deutsch-italienischen Transit ergeben, da somit das T2-Versandverfahren nur noch beim Warenverkehr über die Schweiz Anwendung findet.

Für den Bahntransport gilt der deutsch-italienische Eisenbahngütertarif (DIGT), deren Tarif lt. den italienischen Staatsbahnen alle ein bis zwei Jahre einer Erhöhung von sechs bis acht Prozent aufgrund struktureller Änderungen unterliegt. Güterwaggons können mittlerweile nicht mehr mit schnell fahrenden Reisezügen befördert werden, was jedoch nur einen geringfügigen Nachteil bezüglich der Transportschnelligkeit ausmacht.[279]

Der Straßengüterverkehr wird durch Verwaltungsvereinbarungen geregelt. Für den gewerblichen Straßengüterverkehr ist eine nicht kontingentierte Gemeinschaftslizenz erforderlich. Die Transportkosten sind mittlerweile mit den Spediteuren frei vereinbar. In Italien sind ca. 220.000 Firmen des Speditions- und Transportwesens ansässig.

Das Ministerium für öffentliche Arbeiten erläßt jährlich ein Fahrverbot für Lkw mit einem Gesamtgewicht von mehr als 7,5t an Sonntagen und einigen weiteren festgelegten

---

[278] Vgl. CMA (Hrsg.) (1994), Exportmerkblätter, S. 7.
[279] Vgl. ebenda, S. 12.

Tagen. Dabei werden die Beginn- und Schlußzeiten für Fahrzeuge im Transitverkehr um vier Stunden verzögert, bzw. um zwei Stunden vorverlegt (Bsp.: allgemeines Fahrverbot 8.00-22.00 Uhr, Fahrverbot für den Transitverkehr 12.00-20.00 Uhr). In Österreich besteht ein Fahrverbot an Samstagen von 15.00-24.00 Uhr.

Ausgenommen von diesen Fahrverboten sind Transporte von bestimmten verderblichen Waren. Die entsprechende Genehmigung ist mindestens 10 Tage vor dem Transport bei der zuständigen Grenzpräfektur zu beantragen, und ist bis zu drei Monaten gültig. Die betreffenden Fahrzeuge müssen gesondert gekennzeichnet werden.[280]

Verpackung

Prinzipiell bestehen keine gesonderten Verpackungsvorschriften. Es können i.d.R. alle Verpackungsmaterialien verwendet werden. Lediglich bei bestimmten Waren, wie zum Beispiel Mineralöle existieren besondere Vorschriften.[281]

Markierung

Bezüglich der Markierung bestehen nur für alkoholische Getränke, Eier sowie für Klaviere und Flügel besondere Vorschriften. Waren mit begrenzter Haltbarkeitsdauer sollten den Vermerk *merce deperibile* (verderbliche Ware) in roter Schrift tragen. Dieser Vermerk sollte auch in allen Begleitpapieren notiert werden.[282]

Mustersendungen

Muster ohne, bzw. mit geringem Wert, die zur Darstellung von Gegenständen dienen, von denen sie Bestandteil sind, sind zollfrei. Gleiches gilt auch für Proben von Papier und Stoff für Tapeten, Muster von Porzellan, Stoffen u.a., selbst wenn mehrere Muster zusammen in einem Packstück versandt werden, sofern die Muster für ihren eigentlichen Zweck unbrauchbar gemacht wurden.

Für Waren, die an sich stets einen gewissen Handelswert haben (zum Beispiel Tee, Gewürze, Nadeln, Saiten von Musikinstrumenten u.ä.), gelten Höchstgrenzen, bis zu denen sie zollfrei sind. Der Versand als Warenproben oder in Päckchen ist nicht zulässig.

---

[280] Vgl. BfAI (Hrsg.) (1996), Geschäftspartner, S. 74.
[281] Vgl. ebenda, S. 75.
[282] Vgl. ebenda.

<u>Statistische Behandlung</u>

Da keine Zollstellen mehr eingeschaltet werden, ist jeder Lieferant im EU-Verkehr dazu verpflichtet, seine statistischen Angaben im Rahmen der Intrahandelsstatisik (INTRASTAT) dem Statistischen Bundesamt monatlich anhand von auszufüllenden Vordrucken zu übermitteln.[283] Die Auskunftspflicht besteht gem. Art. 8 i.V.m. Art. 20 Nr. 5 der EWG-Verordnung Nr. 3330/91 und setzt ein, wenn im laufenden Jahr die Werte von Ein- und Ausfuhren von Gemeinschaftswaren in EG-Mitgliedsstaaten so hoch sind, daß die Schwelle von 200.000 DM jeweils überschritten wird. Dies gilt in dem Monat, der dem Überschreiten der Schwelle folgt. Die Auskunftspflicht erstreckt sich auf jede natürliche oder juristische Person mit ständiger Umsatzsteuernummer. Zusätzlich muß vierteljährlich eine zusammenfassende Meldung der Umsätze erfolgen.[284]

6.3. Begleitpapiere

Bei Warenlieferungen von Deutschland nach Italien handelt es sich um innergemeinschaftliche EU-Lieferungen, wodurch die Grenzkontrollen entfallen. Die steuerliche Behandlung sowie die statistische Erhebung wurde weitgehend in die Unternehmen und nationalen Behörden verlegt.

Für innergemeinschaftliche Lieferungen ergeben sich die nachfolgend aufgeführten Begleitpapiere.

<u>Handelsrechnung</u>

Die Handelsrechnung muß in einer dem Kundenwunsch entsprechenden Anzahl vorgelegt werden. Sie muß eine genaue Warenangabe und alle handelsüblichen Daten enthalten. Für eine umsatzsteuerfreie Lieferung muß in der Rechnung die USt.-Id.-Nr. (italienisch P.IVA) des Lieferanten und des Käufers enthalten sein sowie der Zusatz „steuerfrei nach § 4, Abs. 1b UStG".[285] Für verbrauchsteuerpflichtige Ware muß ein „Begleitendes Verwaltungsdokument" bzw. ein „Vereinfachtes Begleitdokument" beigefügt werden.

Unverzollte Drittlandsware erfordert eine ordnungsgemäß unterschriebene Handelsrechnung in zweifacher Ausfertigung mit allen handelsüblichen Angaben (inkl. Ur-

---

[283] Vgl. K. O. Storck-Verlag (Hrsg.) (1996), S. 372 f..
[284] Vgl. CMA (Hrsg.) (1994), Exportmerkblätter, S. 26.
[285] Vgl. K. O. Storck-Verlag (Hrsg.) (1996), S. 377 f..

sprungsland). Die Warenbezeichnung sollte möglichst genau, und Gewichte brutto (*lordo*) und netto (*netto*) aufgeführt sein.[286]

Ursprungszeugnisse (UZ)

Für EU-Waren und verzollte Drittlandswaren werden grundsätzlich keine UZ gefordert. Ausnahmen bestehen jedoch unter Umständen bei Re-Exporten (UZ in einfacher Ausführung) und bei Waren, die gemeinschaftlichen Überwachungs- und Schutzmaßnahmen der EU unterliegen (vgl. Abschnitt 6.1.2). Für unverzollte Drittlandsware ist ein UZ in einfacher Ausführung notwendig. Zudem ist bei der Verladung über den Freihafen Hamburg nach Italien eine Bescheinigung des Freihafenamtes (*non manipulation certificate*) vorzuweisen, welches bestätigt, daß die Ware während der Lagerung das Freihafengebiet nicht verlassen hat, daß keine Bearbeitung stattgefunden hat, und daß die Ware nicht in das deutsche Zollinland eingeführt worden ist.[287]

Im UZ müssen Name und Wohnort des Empfängers auch angegeben werden, wenn Konossemente oder Frachtbriefe „an Order" ausgestellt sind.

Präferenzversandpapiere

Der T2 Vordruck (Einheitspapier Exemplare 1, 4, 5 und 7) kommt bei der Beförderung über das Gebiet eines oder mehrerer EFTA-Staaten (Schweiz) zum Einsatz. Er weist die EU-Präferenzberechtigung für Ware mit Ursprung in der EU und für verzollte Drittlandsware nach. Bei der Beförderung im vereinfachten EU-Eisenbahn-Versandverfahren entfällt der Vordruck, da der internationale Frachtbrief seine Funktion übernimmt. Handelt es sich um eine Lieferung von Marktordnungswaren, so muß zusätzlich das Kontrollexemplar T5 beigefügt werden.

Die Ausstellung der vom Exporteur auszufüllenden Versandpapiere erfolgt durch die Zollstellen. Für Waren, die nicht im internen innergemeinschaftlichen Verkehr befördert werden, muß der Vordruck T2L ausgefüllt werden.[288]

---

[286] Vgl. BfAI (Hrsg.) (1996), Geschäftspartner, S. 69 ff.
[287] Vgl. CMA (Hrsg.) (1994), Exportmerkblätter, S. 10.
[288] Vgl. ebenda, S. 11.

Warenverkehrsbescheinigung

Der Vordruck T2M (Einheitspapier Exemplar 4) in zweifacher Ausführung ist nur erforderlich zum Nachweis der EU-Eigenschaft von Fischereierzeugnissen, die von einem in der EU beheimateten Schiff angelandet werden. Der Vordruck ist vom Kapitän des Schiffes auszufüllen.[289]

Konossemente

Konossemente müssen nicht beglaubigt sein. Es sind auch Order-Konossemente zulässig.[290]

Sonstige Begleitpapiere

Für Bahnsendungen ist der internationale Frachtbrief, für Expreßgut der internationale Expreßgutschein und für Luftfracht der Luftfrachtbrief erforderlich.

Postsendungen (Land-, Seeweg- und Luftpostpakete) dürfen ein Höchstgewicht von 20 kg haben. Es muß eine internationale Paketkarte ausgefüllt werden. Zollinhaltserklärungen (auf Italienisch oder Französisch) sind nur für die nicht zum Zollgebiet gehörenden Gemeinden Livigno und Campione d'Italia sowie für den Vatikanstaat auszufüllen. Handelt es sich um eine Mischsendung, d.h. enthält der Inhalt u.a. unverzollte Drittlandsware, so muß der Vordruck T2L beigefügt werden.

Bei Luftfrachtimporten nach San Marino ist neben einer Ausfertigung des Luftfrachtbriefes immer ein T2 bzw. T2L erforderlich.[291]

Besondere Bestimmungen

Bei Lebensmitteln sind besonders das Lebensmittelgesetz und die lebensmittelrechtlichen Bestimmungen für Getreide, Müllereierzeugnisse, Brot und Teigwaren zu berücksichtigen.

Zusätzlich gibt es in Italien gesonderte Vorschriften für Verpackungsmaterialien für Lebensmittel sowie spezielle Etikettierungsvorschriften (gem. VO Nr. 109 vom 27.01.1992). Zudem sieht das italienische Recht auch Farbstoffvorschriften nicht nur für Lebensmittel, sondern auch für deren Verpackungsmaterial und für Gegenstände

---

[289] Vgl. BfAI (Hrsg.) (1996), Geschäftspartner, S. 69 ff..
[290] Vgl. ebenda.
[291] Vgl. ebenda.

des Hausgebrauchs vor. Grundsätzlich muß man sich im Lebensmittelbereich sehr oft auf neue oder geänderte Vorschriften einstellen.[292]

Im folgenden wird von der großen Anzahl besonderer und oft sehr spezieller Bestimmungen lediglich eine Auswahl aufgeführt. Im Einzelfall empfiehlt es sich, Informationen bei den Handelskammern oder bei Dachverbänden der jeweiligen Branche einzuholen. Besondere Bestimmungen bestehen zum Beispiel für:

- tierische Erzeugnisse inkl. Fleisch- und Fischprodukte (Ursprungs- und Gesundheitszeugnisse);
- lebende Tiere und tierische Erzeugnisse aus EU-Ländern (spezielle sanitäre Kontrollen);
- Pflanzen (Pflanzenschutzbestimmungen);
- Milch und Sahne (amtliches Gesundheitszeugnis);
- Honig (Ursprungszeugnis);
- Diätkost und Babynahrung (Genehmigungspflicht durch das Gesundheitsamt);
- Tiefkühlkost (besonderes Genehmigungsverfahren, eingeleitet über das deutsche Tiefkühlinstitut in Köln);
- Schleifmittel (Kennzeichnungspflicht);
- Edelmetalle (Feingehalts- und Kennzeichnungsvorschriften);
- Textilien (Kennzeichnungsvorschriften);
- Waschmittel (spezielle Bestimmungen bezüglich des Phosphatgehalts) etc.[293]

---

[292] Vgl. BfAI (Hrsg.) (1996), Geschäftspartner, S. 71 f..
[293] Vgl. ebenda.

7. Zwischenfazit

Betrachtet man die Rechtslage im deutsch-italienischen Handel, so stellt man fest, daß aufgrund der Umsetzung der internationalen Normen eine gewisse gemeinsame Grundlage geschaffen wurde. Jedoch kann man das nationale Recht der jeweiligen Staaten nicht außer Acht lassen, da einige Sachverhalte nicht von den Vorschriften des UN-Kaufrechts erfaßt werden. So kann es zum Beispiel passieren, daß bestimmte Rechtsfragen dem italienischen Recht unterliegen, obgleich für den Kaufvertrag ein anderes Recht vereinbart wurde. Zudem wurden in Italien zwar viele der internationalen Verordnungen ratifiziert; die praktische Umsetzung erfolgt jedoch nicht immer vollständig richtlinienkonform. Desweiteren ziehen italienische Gerichte die Anwendung des ihnen besser bekannten italienischen Rechts oft vor, sofern sie keine ausreichenden Informationen zu dem - in diesem Fall - deutschen Recht erhalten können, selbst wenn dieses auf das Rechtsproblem anzuwenden wäre. Grundsätzlich sollte sich daher ein deutscher Exporteur zumindest mit den wichtigsten relevanten Besonderheiten des italienischen Rechts vertraut machen. Zu diesen gehören im wesentlichen folgende Punkte:

- Der Eigentumsübergang erfolgt bereits unmittelbar bei Vertragsabschluß, und nicht erst bei der Übergabe des Vertragsgegenstandes.
- Das Schweigen auf ein kaufmännisches Bestätigungsschreiben gilt nicht als Annahme. Dagegen wird eine leicht vom Angebot abweichende Antwort als Annahme betrachtet, sofern diesbezüglich kein Widerspruch vereinbart wurde.
- Zahlungsziele sind i.d.R. länger (bis zu 180 Tagen) und Verzugszinsen mit 10% doppelt so hoch wie in Deutschland.
- Eine Forderungsabtretung ist auch ohne die Einwilligung des Schuldners möglich.
- Italienische Wechsel gelten als Vollstreckungstitel wie ein Urteil, und ermöglichen so die sofortige Einleitung einer Zwangsvollstreckung. Zudem ist das Ausstellen oder die Annahme eines Wechsels eine außerordentliche Geschäftsführungsmaßnahme, zu der eine ausdrückliche Genehmigung vorliegen muß.
- Eigentumsvorbehalte müssen, wenn sie gegenüber Dritten geltend gemacht werden sollen, mit einem gesicherten Datum versehen sein. Um sie gegenüber gutgläubigen

Erwerbern geltend zu machen, ist eine Eintragung in ein besonderes Register erforderlich.

- AGB gelten auch gegenüber Nichtkaufleuten. Besonders nachteilige Klauseln müssen explizit durch eine gesonderte Unterschrift vom Vertragspartner zur Kenntnis genommen werden, da sie sonst unwirksam sind.

- Bei der Rechtsverfolgung besteht auf dem gerichtlichen Weg die Möglichkeit eines besonderen verkürzten Verfahrens, welches eine Kombination aus Mahnverfahren und Urkundenprozeß darstellt. Auf dem außergerichtlichen Weg besteht die Möglichkeit zur Einigung auf ein freies Schiedsverfahren, welches für deutsche Unternehmer jedoch nicht zu empfehlen ist, da es lediglich eine rein vertragsgestaltende Entscheidung ohne Urteilswirkung zur Folge hat.

- Bezüglich des Rechts der Handelsvertreter müssen immer noch die sog. Kollektivverträge beachtet werden, deren Vorschriften von italienischen Gerichten bevorzugt angewandt werden. U.a. besteht im italienischen Recht die Möglichkeit einer vorzeitigen ordentlichen Kündigung bei Zahlung einer entsprechenden Entschädigung.

Die rechtlichen Grundlagen für eine Niederlassung deutscher Unternehmen in Italien sind dagegen weitestgehend mit den deutschen Vorschriften zu vergleichen. In Italien erfolgt bei der Gründung einer Kapitalgesellschaft, welche i.d.R. die gewählte Rechtsform ausländischer Firmengründer ist, allerdings u.a. eine besondere gerichtliche Prüfung vor der Eintragung in das Handelsregister. Das Grundkapital beträgt für die SRL 20 Mio. Lire und für die SpA 200 Mio. Lire.

Beim Kauf von Beteiligungen oder eines gesamten Unternehmens müssen die kartellrechtlichen Bestimmungen beachtet werden. Erfolgt dann die Übernahme eines gesamten Unternehmens, so müssen nicht alle Bestandteile des Unternehmensvermögens einzeln aufgelistet werden, sondern es genügt eine ausreichende Bestimmung der Bestandteile, die das Unternehmen ausmachen.

Im Handel mit Italien ergeben sich aufgrund der Tatsache, daß es sich um innergemeinschaftliche Lieferungen handelt, kaum noch Vorschriften bezüglich der Ein- und Ausfuhr. Beschränkungen bestehen nur noch in Ausnahmefällen oder - wie im Fall des Devisentransfers - aus fiskalpolitischen Gründen. Exportkontrollen finden nur noch im Bereich der Dual-Use-Güter statt. Es bestehen lediglich bei bestimmten Gütern besondere Bestimmungen bezüglich spezieller Begleitpapiere, wie zum Beispiel Gesundheitszeugnisse, Pflanzenschutzzeugnisse oder Kennzeichnungen. Die im regulären Fall mitzuführenden Begleitpapiere werden durch die folgende Tabelle dargestellt.

Abb. 5

Begleitpapiere im innergemeinschaftlichen Versand

	Frachtversand	Postversand
Handelsrechnung	1-fach (2-fach)*	
Ursprungszeugnis	--- (1-fach)*	
Präferenzversandpapiere	1-fach (T2 / T2L)	T2L (Mischsendungen)**
Warenverkehrsbesch.	2-fach (Fischerei)	
Konossement	1-fach (Seeweg)	
internationaler Frachtbrief	1-fach (Bahnversand)	
intern. Expreßgutschein	1-fach (Expreßgut)	
intern. Luftfrachtbrief	1-fach (Luftfracht)	
internationale Paketkarte		1-fach
Zollinhaltserklärung		1-fach (Vatikanstaat, Livigno,
		Campione d'Italia)

Quelle: Eigene Darstellung.

(*Gilt für unverzollte Drittlandsware. **Sendungen, die neben Gemeinschaftsware auch unverzollte Drittlandsware enthalten.)

Abschließend ist zu erwähnen, daß bei komplexen Rechtsproblemen auf jeden Fall der Rechtsrat von Fachleuten einzuholen ist. Dabei sollte es sich um Personen oder Kanzleien handeln, die über ausreichende Erfahrungen mit den italienischen Rechtsvorschriften und deren Auslegung durch die italienischen Gerichte verfügen. Namen und Adressen sind u.a. bei der DIHK in Mailand zu bekommen (vgl. auch Adressen in Kapitel 9).

8. Zukunftsaussichten für deutsche Unternehmen

Obwohl Investitionen, Inlandsnachfrage und Konjunktur nur geringfügig wachsen, werden für 1998 Konjunkturverbesserungen und damit auch eine verstärkte Importtätigkeit erwartet. Allgemein wird für 1998 eine Zunahme des Welthandels von 7,5% erwartet. Durch den internationalen Handel verbessern sich die Handelschancen aufgrund der globalen Verbreitung von Wissen und Technologien.[294] Somit scheinen die Aussichten trotz allem günstig für die deutsch-italienischen Handelsbeziehungen. Die Rahmenbedingungen für eine konjunkturelle Erholung in Deutschland sind aufgrund niedriger Zinsen, geringer Inflation und günstiger Wechselkurse in Bezug auf die wichtigsten Währungen relativ günstig. Auch die prognostizierte Preisentwicklung ist im Vergleich zu anderen Staaten eher positiv zu bewerten. Die niedrige Inflation in Italien und die einigermaßen feste Lira bieten deutschen Exporteuren trotz der geschwächten Inlandskaufkraft gute Möglichkeiten. Die von der italienischen Regierung angestrebten Zinssenkungen würden ihr übriges dazu beitragen.[295]

Die auf Deutschland und auf Italien zukommende Währungsunion bietet zudem weitere Vorteile. Da sich im Fall der Einheitswährung keine Wechselkursausschläge mehr ergeben können, fallen Wechselkursrisiken weg, womit auch kein Zwang mehr besteht, diese durch Preiszugeständnisse auszugleichen. Da sich auch die allgemeine Anzahl der Währungen verringert, bleiben auch Transaktionskosten niedriger. Die Auswirken auf die einzelnen Branchen sind weitestgehend positiv. Es wird zu steigenden Nachfragen in den Bereichen der Softwareherstellung und -beratung (Softwareanpassung in Unternehmen und Verwaltungen), Automatenherstellung (Umstellung von Geldautomaten) und der Druck- und Papierindustrie (Herstellung von Informationsbroschüren und Formularen) kommen. Lediglich der Einzelhandel und die Banken werden unter Umständen wegen hoher Anschaffungskosten und - im Fall der Banken - wegen des Verlusts von Geschäftsfeldern vor Probleme gestellt werden. Profitieren werden in jedem Fall diejenigen Unternehmen, deren Export hauptsächlich in europäische Länder stattfindet.

---

[294] Vgl. F.A.Z. (Hrsg.) (1996), Länderanalyse.
[295] Vgl. de Zotti, Giovanni (1997).

Zu den Hauptgewinnern gehören demnach:

- die Luft- und Raumfahrtindustrie;
- Büromaschinen- und EDV-Hersteller;
- die Bekleidungs-, Leder- und Textilindustrie;
- der Feinmechaniksektor;
- der Sektor der NE-Metalle und NE-Halberzeugnisse;
- die Optikbranche und
- Papier- und Zellstofferzeuger.[296]

Aufgrund der anstehenden Modernisierungsmaßnahmen des italienischen Verwaltungssystems und der voranschreitenden Angleichung an EU-Normen ergeben sich zusätzliche Wachstumsmärkte.

Aus den genannten Voraussetzungen ergeben sich daher konkrete Marktchancen in folgenden Branchen:

(1)**Umweltbranche**: Italien hat bisher einen Großteil der EU-Richtlinien über den Umweltschutz noch nicht umgesetzt. Es fehlt daher an Umwelttechnologien und -produkten aus dem Anlage- und Meßtechnikbau. Dazu gehören u.a. Kontrollinstrumente für die Messung von Luftverschmutzung und Schadstoffemissionen sowie an Klär- und Abfallverwertungsanlagen. Um das italienische Frisch- und Abwassersystem den notwendigen Anforderungen anzupassen, sind außerdem Investitionen notwendig, die zum großen Teil durch die Anhebung der öffentlichen Tarife und Gebühren finanziert werden sollen. Ein weiterer Absatzmarkt ergibt sich außerdem zukünftig durch die geplante Einführung eines italienischen Pendants zum deutschen TÜV.[297] Zudem wird durch ein von Umweltminister Ronchi erlassenes Gesetz in Zukunft mit einer Zunahme der Mülltrennung und Wiederverwertung von Rohstoffen gerechnet. Diesbezüglich besteht ein Mangel an Müllverbrennungsanlagen. Neun der 20 italienischen Regionen[298] verfügen über keine eigene Anlage. Beson-

---

[296] Vgl. de Zotti, Giovanni (1997).
[297] Vgl. BfAI (Hrsg.) (1996), Wirtschaftstrends 1996/97, S. 16.
[298] Zu den Regionen ohne eigene Müllverbrennungsanlage gehören Südtirol, Ligurien, Latium, Molise, Kampanien, Apulien, Basilicata, Sizilien und Sardinien.

ders in Süditalien ist der Umweltnotstand auffallend, während sich im Norden das Umweltbewußtsein langsam wandelt.[299]

(2)**Automobilbranche:** Hier sind Produkte gefragt, die Umweltkompetenz aufweisen. Hersteller von High-Tech-Komponenten und Systemhersteller finden hier einen Absatzmarkt, da Innovationskraft mit einem hohen Qualitätsstandard und Technologie verlangt werden.[300]

(3)**Baubranche:** In dieser Branche ergeben sich Absatzchancen aufgrund der geplanten Großprojekte, wie zum Beispiel der Bahn- und Hochgeschwindigkeitsstrecken (bis 2003; Hoch- und Tiefbau), dem Flughafenausbau Malpensa mit den entsprechenden Lärmschutzanlagen[301], dem Bau des Brennerbasis-Tunnels, der landesweiten Kabelverlegung und dem allgemeinen Ausbau der Infrastruktur in Italien.[302]

(4)**Informationstechnologie- und Telekommunikationssektor:** In diesem Bereich werden Nachfrageimpulse aus dem Bereich der Dienstleistungen erwartet. Seitens der öffentlichen Verwaltung wird aufgrund deren Neuorganisation mit Nachfragen auf dem Hardware-Markt gerechnet. Ansonsten werden die Absatzmöglichkeiten aus bereits zuvor genannten Gründen eher auf dem Software-Markt liegen.

(5)**Tourismus:** Bis zum Jahr 2000 ist mit Modernisierungs- und Erweiterungsinvestitionen im italienischen Hotel- und Gastgewerbe zu rechnen. Zudem besteht ein Nachholbedarf an den EU-Richtlinien entsprechenden Hotelausrüstungen, insbesondere an schwer entflammbaren Heimtextilien, da die entsprechende Richtlinie erst mit Verspätung umgesetzt wurde.[303]

Hersteller von Bau-, Holzverarbeitungs- und Verpackungsmaschinen haben nach wie vor gute Absatzmöglichkeiten. Ebenfalls gleichbleibend ist die Nachfrage im Chemiesektor.

Mit raschen Änderungen ist dagegen im Bereich moderner Vertriebsformen zu rechnen. Aufgrund der stärker werdenden Präsenz ausländischer Unternehmen werden Vertriebsformen wie Dicounter (zum Beispiel Metro, Ikea, Tengelmann, Lidl oder

---

[299] Vgl. BfAI (Hrsg.) (1997), bfai-info, S. 35.
[300] Vgl. de Zotti, Giovanni (1997).
[301] Vgl. BfAI (Hrsg.) (2000), Länder und Märkte, Nr. 20000303.
[302] Vgl. BfAI (Hrsg.) (1996), Wirtschaftstrends 1996/97, S. 7.
[303] Vgl. ebenda, S. 17.

Spar) oder der Versandhandel an Bedeutung zunehmen, um diesbezüglich bestehende Marktlücken auszufüllen.[304]

Tatsächlich hat der Heimwerkermarkt OBI ein gutes Beispiel dafür gegeben, wie eine Marktlücke durch Anpassung des eigenen Konzeptes an die Bedürfnisse des italienischen Marktes ausgefüllt werden konnte. Do-it-your-self-Märkte waren bis dahin in Italien fast völlig unbekannt. Die italienischen Heimwerkermärkte haben ihr Sortiment an die Bedürfnisse ihrer Verbraucher angepaßt. Sie richten sich vor allem an die weibliche Kundschaft und bieten ein Sortiment zur Heimverschönerung und Sanierung, anstelle von Bauprodukten, da ein Großteil der italienischen Bevölkerung in eigenen Wohnungen aus den 60er und 70er Jahren lebt. Mittlerweile hat sich OBI mit 30 Märkten und einem Umsatz von 130 Mio. DM zur Nummer zwei im italienischen Markt entwickelt und plant kontinuierliche Erweiterungen und Neueröffnungen. Experten schätzen, daß sich der Umsatzanteil dieser Großbetriebsform bis zum Jahr 2000 von 10 % (Anfang 1997) auf ca. 20 % steigern wird.[305]

Abschließend kann man sagen, daß deutsche Unternehmen in Italien trotz aller Widrigkeiten ihre Absatzmärkte finden können, wozu u.a. der EG-Binnenmarkt beigetragen hat. In Zukunft wird sich mit großer Wahrscheinlichkeit auch die Währungsunion positiv auf deutsche Investitionstätigkeiten ausüben. Voraussetzung dafür ist natürlich auch die Erhaltung und der Ausbau der Konkurrenzfähigkeit. Dies kann auf Dauer nur mit international geschulten Mitarbeitern, höheren Handlungskompetenzen und einer hohen Innovationstätigkeit gewährleistet werden.

Investitionsförderung:

In Italien existieren verschiedene Förderprogramme für in- und ausländische Investoren (zum Beispiel für Klein- und Mittelunternehmen, Jungunternehmen oder Betriebsansiedlungen), die auf nationaler oder auf niedriger Verwaltungsebene durchgeführt werden. Daneben existieren die regionalen und sozialen Förderprogramme der EU, die zusammen mit öffentlichen Stellen durchgeführt werden. Förderungsfähig - insbesondere im Süden Italiens - sind Maßnahmen zu Produktivitäts- und Produktver-

---

[304] Vgl. BfAI (Hrsg.) (1994), Verkaufen, S. 12.
[305] Vgl. Maus, Manfred (1997), S. 43.

besserungen, Effizienzsteigerungen, technische Erneuerungen des Unternehmens, technische Innovationen und Investitionen für einen verstärkten Export.

Um diese steuerlichen oder finanziellen Subventionen in Anspruch nehmen zu können, muß der Investor die meist regionalpolitischen Bedingungen annehmen.

Die Förderungen werden über eigene Institute, Banken oder öffentliche Institutionen ausgegeben. Eine Unterscheidung in in- oder ausländische Antragsberechtigte gibt es nicht, sofern der Ausländer nach Italien kommt oder bereits dort ansässig ist. Die Antragsberechtigung ergibt sich aus der Region, in die investiert werden soll und/oder aus der Branche, aus welcher der Investor kommt.[306]

---

[306] Vgl. BfAI (Hrsg.) (1995), Rechtstips, S. 71 f.

9. Kontaktadressen und Informationsmöglichkeiten

in Deutschland:

Bundesstelle für Außenhandelsinformation (BfAI)

Postfach 10 05 22, 50445 Köln

Agrippastr. 87-93, 50676 Köln

Tel.: 0221/ 2057-0

Fax: 0221/ 2057-212, -275, -262

Telex: 8 882 735 bfa d

(Außenstelle in Berlin)

Bundesverwaltungsamt

Informationsstelle für Auslandstätige und Auswanderer

Postfach 68 01 69, 50728 Köln

Barbarastr. 2, 50735 Köln

Tel.: 0221/75 88

Fax: 0221/7 58 28 23

(Herausgeber von Informationsschriften und Merkblättern)

Italienisches Institut für Außenhandel

(Istituto Nazionale per il Commercio Estero; I.C.E.)

Hamburger Allee 2-10, 60486 Frankfurt/M.

Tel.: 069/77 06 85-7

Fax: 069/70 93 09

Telex: 413 992 icefr d

(weitere Büros in Berlin, Düsseldorf, Frankfurt/M. und München)

Vereinigung Deutscher Kraftwagenspediteure eG (VKS)

Buschstr. 83, 53113 Bonn

Tel.: 0228/9 11 61-0

Fax: 0228/26 47 03

(Informationen bezüglich gesetzlicher Vorschriften und Bestimmungen im Straßengüterverkehr)

Centrale Marketing-Gesellschaft der Deutschen Agrarwirtschaft (CMA)

Marketing Ausland

Postfach 20 03 20, 53133 Bonn

Tel.: 0228/84 70

Fax: 0228/84 72 02

Telex: 885 638

(sehr umfangreiche Informationen zum Export im Agrargüter- und Lebensmittelbereich incl. rechtlicher Bestimmungen; bietet Serviceleistungen wie zum Beispiel Kontaktvermittlung, Lebensmittelrechtliche Beratung, Unterstützung bei Messen und Ausstellungen, Verkaufsförderungsaktionen und Public Relations für diese Branche)

Italienische Handelskammer für Deutschland

Bockenheimer Landstr. 59, 60325 Frankfurt/M.

Tel.: 069/72 71 15

Fax: 069/72 72 15

Telex: 416 009 ih d

(weitere Büros in Berlin, Hamburg, München und Leipzig; arbeitet eigentlich in anderer Richtung, bietet trotzdem Informationsmöglichkeiten)

Botschaft der Italienischen Republik

Karl-Finkelnburg-Str. 51, 53173 Bonn

Tel.: 0228/8 22-0, Wirtschafts- und Handelsabteilung -124

Fax: 0228/8 22-169

Telex: 885 450 italdipl. (zentral); 885 451 (Wirtschaft)

(Generalkonsulate in Berlin, Frankfurt/M., Hamburg, Hannover, Köln, Leipzig, Stuttgart und München)

Statistisches Bundesamt - Auskunftsdienst

Postfach 55 28, 65180 Wiesbaden

Tel.: 0611/75

Fax: 0611/72 40 00

(Zweigstellen in Berlin, Düsseldorf und Bonn)

in Italien:

Deutsch-Italienische Handelskammer (DIHK)

(Camera di Commercio Italo-Germanica)

Via Napo Torriani 29, I-20124 Mailand

Tel.: 0039/2/67 91 31

Fax: 0039/2/66 98 09 64

(sowohl deutsch-, als auch italienischsprachig, sehr hilfsbereit, nach Möglichkeit erst anrufen, dann ein Fax senden; umfangreiche Serviceleistungen für alle Branchen)

Außenstelle CMA-Italia

Via Omboni 6, I-20129 Milano

Tel.: 0039/2/29 40 45 60

Fax: 0039/2/29 40 32 02

ICE

Via Liszt 21, I-10144 Roma

Tel.: 0039/6/5 99 21 (zentral), 59 92 66 08 (Wirtschaftsabteilung)

Fax: 0039/6/59 92 68 99, -69 00

Botschaft der Bundesrepublik Deutschland

(Ambasciata della Repubblica Federale di Germania)

Via Po 25c, I-00198 Roma

Tel.: 0039/6/88 47 41

Fax: 0039/6/8 54 79 56

Referat für Rechts- und Konsularwesen

Via F. Siacci 2c, I-00197 Roma

Tel.: 0039/6/88 47 41

Fax: 0039/6/88 47 42 81

(Generalkonsulate in Genova, Milano, Napoli und Palermo)

Istituto Nazionale di Statistica (ISTAT)
Cesare Balbo 16, I-00184 Roma
Tel.: 0039/6/4 88 34 68
Fax: 0039/6/4 88 47 97
(weitere Büros in Mailand und Bozen)

Anhang

Anhang A1:   Warenstruktur des Außenhandels der
               Bundesrepublik Deutschland mit Italien

Anhang A2:   Außenhandel nach wichtigen Ländern

Anhang A3:   Beispiel für die Serviceleistungen der DIHK

Warenstruktur des Außenhandels (1. Hj. 1996)

Warengruppe	Einfuhr (Mio. DM) nach Deutschland	Ausfuhr (Mio. DM) nach Italien
Ernährungswirtschaft	2.802,5	2.218,6
Rohstoffe	168,7	463,9
Halbwaren	770,0	1.848,2
Vorerzeugnisse	4.430,1	5.315,6
darunter:		
Gewebe	1.186,4	
Chemische Vorerzeugnisse	1.056,6	3.073,1
Metallische Vorerzeugnisse	932,2	1.292,7
Enderzeugnisse	17.022,4	17.992,2
darunter:		
Bekleidung	2.012,5	214,6
Lederschuhe	888,5	
Eisenwaren	1.171,0	620,0
Maschinen	3.186,0	3.675,4
Elektrotechn. Erzeugnisse	2.113,2	3.431,8
Feinmechanik + optische Erzeugn.		629,6
Chemische Erzeugnisse	1.493,4	1.776,4
Kraftfahrzeuge	2.720,0	6.095,9
Rückwaren, Ersatzlieferungen	1.489,4	984,7
Gesamtimport	26.683,0	
Geamtexport		28.823,3

Quelle: Eigene Darstellung an: Statistisches Bundesamt in: FAZ (Hrsg.) (1997), S. 19.

Außenhandel nach wichtigen Ländern (1. Hj 1996)

Staaten	Einfuhren (cif) (Mrd. Lire)	Ausfuhren (fob) (Mrd. Lire)
EU-Staaten		
Frankreich	22.705	24.940
Belgien/Luxemburg	7.701	5.481
Niederlande	9.444	5.888
Deutschland	30.669	34.409
Finnland	858	940
Großbritannien	10.457	12.294
Irland	1.697	766
Dänemark	1.427	1.632
Griechenland	1.284	3.647
Österreich	3.647	4.574
Portugal	780	2.568
Schweden	2.283	2.003
Spanien	6.834	9.789
andere Staaten:	41.190	44.617
davon:		
Schweiz	7.053	7.348
Rußland	3.524	2.724
USA	8.700	13.976
Japan	3.465	4.176

Quelle: Eigene Darstellung in Anlehnung an: BfAI (Hrsg.) (1996), CD-Rom, Außenhandel nach Ländern, S. 1.)

Serviceleistungen der DIHK
Beispiel eines Vordruckes

Markterschließung Italien

Wir sind an folgenden Dienstleistungen der Deutsch-Italienischen Handelskammer interessiert und bitten um ein individuelles unverbindliches Angebot.

1) Individuelle Markterschließung

♦ Analyse unseres Unternehmens und Festlegung unserer Strategie unter kundenorientierten Marketingaspekten (nach Aufwand Stundenhonorar DM 200,-)

♦ Erstellen von Prospekten in italienischer Sprache. Organisationsaufwand in der Regel DM 300,- zgl. Kosten des Druckers und Übersetzungskosten

♦ Ladenanalyse incl. Berichtserstellung (DM 3.000,- bis DM 4.000)

♦ Anzeigenpaket (eine Anzeige im Format 90x134 sowie drei Chiffreanzeigen in der Kammerzeitschrift) und Rahmeninformationen wie Fachzeitschriften und Messen (DM 500,-)

♦ Markterschließungspaket (DM 5.000,- bis DM 6.000,-)

  • Heraussuchen der Firmenanschriften der Zielgruppen
  • Ansprache der Zielgruppen und Feststellen der Ansprechpartner mit Abfrage des Interesses an dem Produkt
  • Versandaktion vorliegender Prospekte
  • Telefonische Nachakquise mit Identifizierung des Interesses an einem persönlichen Besuch und Terminvereinbarung

♦ Besuch der einzelnen Interessenten mit Verhandlungsunterstützung(je Tag DM 960,- zuzüglich Reisekosten)

♦ Sonstige Nachbetreuung (je Stunde DM 150,-)

♦ Markterschließung kann ebenso für den intensiven Einkauf in Italien verwendet werden

2) Individuelle Messevorbereitung und Betreuung als Aussteller

♦ Messevorbereitung und Betreuung als Aussteller (DM 5.000,- bis DM 6.000,-)

  • Heraussuchen der Firmenanschriften der Zielgruppen
  • Ansprache der Zielgruppen und Feststellen der
  • Ansprechpartner mit Abfrage des Interesses an einem Messetreffen (telefonischer Erstkontakt)
  • Versandaktion vorliegender Prospekte
  • Telefonische Nachakquise mit Identifizierung des Interesses an einem persönlichen Treffen auf einem Messestand

♦ Betreuung auf dem Messestand mit Verhandlungsunterstützung (je Tag DM 960,- zuzüglich Reisekosten)

♦ Organisation der Messeteilnahme (Anmeldeformulare; Standmietung u.s.w.; je Stunde DM 150,-)

♦ Sonstige Nachbetreuung (je Stunde DM 150)

3) Individuelle Messevorbereitung und Betreuung als Besucher (Preise auf Anfrage)

Mitglieder der Deutsch-Italienischen Handelskammer erhalten auf alle Leistungen 20% Rabatt

Quellenverzeichnis

Bücher

Altmann, Jörn (1993), Außenwirtschaft für Unternehmen - Europäischer Binnenmarkt und Weltmarkt, Gustav Fischer Verlag, Stuttgart, Jena

Duden-Fremdwörterbuch (1993), Bibliographisches Institut & F.A. Brockhaus AG, Mannheim, Software-Version 1.0

Enciclopedia (1997), Verlag Zanichelli, 11. Auflage, Bologna

Enzyklopädie (1997), „Italien", Microsoft(R) Encarta(R), (c)1993-1996 Microsoft Cooperation, Software-Version

Gabler Wirtschafts Lexikon (1993), 8 Bände, Verlag Dr. Th. Gabler, 13. Aufl., Wiesbaden

Kienlechner, Sabina (1996/97), Land & Leute, Italien, Polyglott-Verlag, 2. Auflage, München

K. O. Storck Verlag (Hrsg.) (1996) Jahrbuch für Export- und Versandleiter 1997, Hamburg

Lauer, Johann (1993) Unternehmensführung in der EG, WRS Verlag Wirtschaft, Recht und Steuern, München

Neues Großes Lexikon in Farbe (1991) Sonderausgabe, o. Verlag, o.O.

Sparkassen-Finanzgruppe (Hrsg.) (1994) Die Importbestimmungen anderer Länder (Ausfuhr Ratgeber), Was der deutsche Exporteur und Versandleiter davon wissen muß, Deutscher Sparkassenverlag, 1. Ausgabe, Stuttgart

von Bernstorff, Christoph Graf (1992) Rechtsprobleme im Auslandsgeschäft, Fritz Knapp Verlag, 3. Auflage, Frankfurt am Main

von Boehmer, Henning (Hrsg.) (1993) Deutsche Unternehmen in Italien, Leitfaden für die Rechts- und Wirtschaftspraxis, Schäffer-Poeschel Verlag, Stuttgart

von Westphalen, Friedrich Graf (Hrsg.) (1992) Handbuch des Kaufvertragsrechts in den EG-Staaten, Verlag Dr. Otto Schmidt, Köln

Zingarelli, Nicola (Hrsg.) (1997) Lo Zingarelli, Vocabolario della Lingua Italiana, Verlag Zanichelli, 12. Auflage, Bologna

Zeitschriften

de Filippis, Alberto (1997), *Intervista con Giuseppe Vita*, in *adesso* Das aktuelle Magazin in Italienisch, Nr. 6, 1997, S. 20 ff.

Köhler, Petra (1997), Italien: Warten auf die Leitzinssenkung, in: Dresdner Bank Wirtschaft International, Januar 1997, S. 12 f.

Köhler, Petra (1997), Italien: Dem Ziel ein Stück näher, in: Dresdner Bank Wirtschaft International, März 1997, S. 12 f.

Köhler, Petra (1997), Italien: Vorsicht, zerbrechlich!, in: Dresdner Bank Wirtschaft International, April 1997, S. 12 f.

Mattanza, Alessandra (2000), *Studio e Lavoro*, in: *adesso* Das aktuelle Magazin in Italienisch, Nr. 8, 2000, S. 58 f.

Maus, Manfred (1997), OBI expandiert in Europa, in: Economia, Nr. 1, 1997, S. 43

Mischon, Claudia (1997), Brücke zwischen den Märkten, Handelsvertreter, in: *Economia*, Nr. 1, 1997, S. 10 f.

Nardi, Enrico (1997), *Italia e Europa*, in: *adesso* Das aktuelle Magazin in Italienisch, Nr. 6, 1997, S. 18 ff.

o.V. (1995), Italien, Aufschwung mit Schönheitsfehlern, in: iwd, Nr. 7, 1995, S. 5

o.V. (1994), Italien, Krankes Land hofft auf Besserung, in: iwd, Nr. 14, 1994, S. 6

o.V. (1997), Franchising - Gemeinsam stark, in: *Economia*, Nr. 1, 1997, S. 25 ff.

o.V. (1996), Wirtschaftstrends zum Jahreswechsel 1996/97, in: *Rivista Economica*, Nr. 12, 1996, S.3.

Sinisi, Vincenzo; Buhr-Jurato, Julia (1996), Modifikationen des *Codice Civile*, in: *Economia*, Nr. 4, 1996, S. 24 f.

Sparkasse Essen (2000), Interview mit Professor Dr. Wolfgang Filc, in: AussenWirtschaft, Ausgabe August 2000, S. 27 ff.

Sonstige Veröffentlichungen

AUMA (Hrsg.) (o.J.), Erfolg auf Auslandsmessen, Köln

Bundesausfuhramt (Hrsg.) (1996), BAFA-Exportkontrolle, Kurzdarstellung,Eschborn

Bundesstelle für Außenhandelsinformation (Hrsg.) (1997), bfai-Info Westeuropa, 4. Jahrgang, Nr.10, Köln; Berlin

Bundesstelle für Außenhandelsinformation - CD-Rom zur Außenwirtschaft (Hrsgs.) (1996), Außenhandel, Außenwirtschaft

Bundesstelle für Außenhandelsinformation - CD-Rom zur Außenwirtschaft (Hrsgs.) (1996), Außenwirtschaft

Bundesstelle für Außenhandelsinformation - CD-Rom zur Außenwirtschaft (Hrsgs.) (1996), Beziehungen zu Deutschland und der EU

Bundesstelle für Außenhandelsinformation - CD-Rom zur Außenwirtschaft (Hrsgs.) (1996), Überschuß im Außenhandel

Bundesstelle für Außenhandelsinformation - CD-Rom zur Außenwirtschaft (Hrsgs.) (1996), Wirtschaft

Bundesstelle für Außenhandelsinformation (Hrsg.) (1994), Dokument Recht Italien, Ausführungsbestimmungen zum Warenzeichenrecht, Köln; Berlin

Bundesstelle für Außenhandelsinformation (Hrsg.) (1995), Dokument Recht Italien, Internationales Privatrecht, Köln; Berlin

Bundesstelle für Außenhandelsinformation (Hrsg.) (1994), Dokument Recht Italien, (Internationale) Schiedsgerichtsbarkeit, Köln; Berlin

Bundesstelle für Außenhandelsinformation (Hrsg.) (1993), Dokument Zoll Italien, Mehrwertsteuer - Grundinformation für Unternehmer, Köln; Berlin

Bundesstelle für Außenhandelsinformation (Hrsg.) (1996), Geschäftspartner Italien, 2. Auflage, Köln; Berlin

Bundesstelle für Außenhandelsinformation (Hrsg.) (1995), Handelsvertretersuche in Italien, Tips für die Praxis, 2. Fassung, Köln; Berlin

Bundesstelle für Außenhandelsinformation (Hrsg.) (1996), Länderreport Italien, Wirtschaftstrends zur Jahresmitte 1996, Köln; Berlin

Bundesstelle für Außenhandelsinformation (Hrsg.) (1996), Länderreport Italien, Wirtschaftstrends zum Jahreswechsel 1996/97, Köln;Berlin

Bundesstelle für Außenhandelsinformation (Hrsg.) (1992), Rechts-Dokument Italien, Handelsvertreterrecht, Köln; Berlin

Bundesstelle für Außenhandelsinformation (Hrsg.) (1994), Verkaufen in Italien, 2. Auflage, Köln; Berlin

Bundesstelle für Außenhandelsinformation (Hrsg.) (1996), Wirtschaftsdaten aktuell, Köln; Berlin

Bundesstelle für Außenhandelsinformation (Hrsg.) (1994), Wirtschaftsentwicklung 1994, Köln; Berlin

Centrale Marketing-Gesellschaft der Deutschen Agrarwirtschaft MbH (Hrsg.) (1996), Agrarexportstatistik bis einschließlich Jahr 1995, Bonn

Centrale Marketing-Gesellschaft der Deutschen Agrarwirtschaft MbH (Hrsg.) (1994), CMA-Auslandsmarktdaten, Italien, Bonn

Centrale Marketing-Gesellschaft der Deutschen Agrarwirtschaft MbH (Hrsg.) (1994), CMA-Exportmerkblätter, Italien, Bonn

Centrale Marketing-Gesellschaft der Deutschen Agrarwirtschaft MbH in Zusammenarbeit mit M+M EUROdATA (Hrsg.) (1995), Der Lebensmittelhandel in Italien, Die marktbestimmenden Handelsunternehmen 1995, Frankfurt am Main

Deutsches Institut für Wirtschaftsforschung (Hrsg.) (1991), Vierteljahrshefte zur Wirtschaftsforschung, Duncker & Humblot, Heft 3/4, 1991, Berlin

Deutscher Sparkassen Verlag GmbH (Hrsg.) (1999), Italien, Merkblatt 5A/99, Stuttgart

Deutscher Sparkassen Verlag GmbH (Hrsg.) (2001), AWLänder Italien, Merkblatt 1B/2001, Stuttgart

Die Deutsche Bibliothek - CIP-Einheitsaufnahme (Hrsg.) (1995), Nachbar Italien - Schlaglichter auf ein Land ewiger Widersprüche, Frankfurter Allgemeine Zeitung GmbH, Frankfurt / Main

Dresdner Bank AG in Zusammenarbeit mit ABECOR (Hrsg.) (1996), *Country Report Italy*, Rom

Frankfurter Allgemeine Zeitung GmbH Informationsdienste in Zusammenarbeit mit der Deutsch-Italienischen Industrie- und Handelskammer (Hrsg.) (1997), Länderanalyse Italien, Kurzbericht, Frankfurt am Main

ICE Italian Institute for Foreign Trade (Hrsg.) (1996), *Report on Foreign Trade, Review of 1995 and prospects for 1996*, Rom

INKUBI - Interkulturelle Beratung und Information der Universität-Gesamthochschule Essen(Hrsg.) (o.J.), Italien, Essen

Statistisches Bundesamt (Hrsg.) (1995), Spezialhandel nach Ländern, Fachserie 7, Reihe 3, o.O.

Wirtschaftskammer Österreich (Hrsg.) (1996), Aussenwirtschaft Nachrichten, Unternehmensgründung in Italien, Wien

Internet-Quellen

BfAI (Hrsg.) (2000), Italien investiert in Lärmschutz, unter: http://www.bfai.de/odars-web/laender.x, am 21.08.2000 um 12:55 Uhr

Central Intelligence Agency (Hrsg.) (1994), *CIA World Fact Book: Italy*, unter: http://physig.ph.kcl.ac.uk/lokal/cia/1994/119.html, am 01.12.1996 um 09:46 Uhr

IHK München (Hrsg.) (1996), Euro Info Center, Inflationsraten in der EU, unter: http://www.muenchen.ihk.de/aussenwi/awi/1996/09/eic.htm am 20.02.2001 um 10:09 Uhr

Kness-Bataroli, Thesy (2000), Kaufverhalten, unter: http://www.bfai.de/odars-web/laender.x, am 21.08.2000 um 12:55 Uhr

o.V. (1997), *Doing Business in Italy*, unter: http://www.italyemb.nw.dc.us/italy/chap1.htm am 24.06.1997 um 20:24

o.V. (1997), *Doing Business in Italy*, unter: http://www.italyemb.nw.dc.us/italy/chap5.htm am 24.06.1997 um 21:03

Ratti, Marco (1997), *Banca Commerciale Italiana, Views on the Italian Economy*, unter: http://www.bci.it/ufficio_studi/vie/vie.html, am 15.06.1997 um 22:32 Uhr

Statistisches Bundesamt Deutschland (Hrsg.) (1997), Auslandsstatistische Daten, unter: http://www.statistik-bund.de/basis/d/ausl/ausl1002-1402/htm am12.12.2000 um 11:06 Uhr

ZDF.MSNBC (Hrsg.) (1999), Zuwachs für deutschen Außenhandel, unter: http://www.zdf.msnbc.de/news/43632.asp#BODY am 17.08.2000 um 12:18 Uhr

Vorträge

De Zotti, Giovanni, Präsident der Italienischen Handelskammer für Deutschland, Vortrag im
 Rahmen der Wirtschaftstagung zum Thema Wirtschaftsraum Italien, Chancen für den
 Mittelstand, Unna, am 22. Mai 1997
Haldenwang, Holger, Mitarbeiter der Deutsch-Italienischen Handelskammer in Mailand, Vortrag
 im Rahmen der Wirtschaftstagung zum Thema Wirtschaftsraum Italien, Chancen für den
 Mittelstand, Unna, am 22. Mai 1997
Martinuzzi, Livio, Vortrag zur Interkulturalität in Unternehmen im Rahmen der Wirtschaftstagung
 zum Thema Wirtschaftsraum Italien, Chancen für den Mittelstand, Unna, am 22. Mai 1997
Schulte, Ernst von der Firma Eco Schulte, Vortrag zur Tätigkeit im italienischen Markt im
 Rahmen der Wirtschaftstagung zum Thema Wirtschaftsraum Italien, Chancen für den
 Mittelstand, Unna, am 22. Mai 1997